TABLEAU

DE

L'ÉGYPTE

TABLEAU

DE L'ÉGYPTE,

PENDANT LE SÉJOUR

DE L'ARMÉE FRANÇAISE.

OUVRAGE où l'on traite des mœurs, usages et caractère des Égyptiens ; de notre position et de nos rapports avec ce peuple ; des monumens et autres curiosités du pays, des chefs-lieux, de leur position et de leur distance respective. On y a joint la procédure de l'assassin du général en chef Kléber, quelques idées sur l'économie politique, un apperçu sur les monnaies, poids et mesures du Kaire, un tableau de la crue progressive du Nil, et la nouvelle division de l'Egypte sous les Français :

SUIVI

DE L'ÉTAT MILITAIRE ET CIVIL

DE L'ARMÉE D'ORIENT.

PAR A. GALLAND,

Membre de la Commission des Sciences et Arts
séant au Kaire.

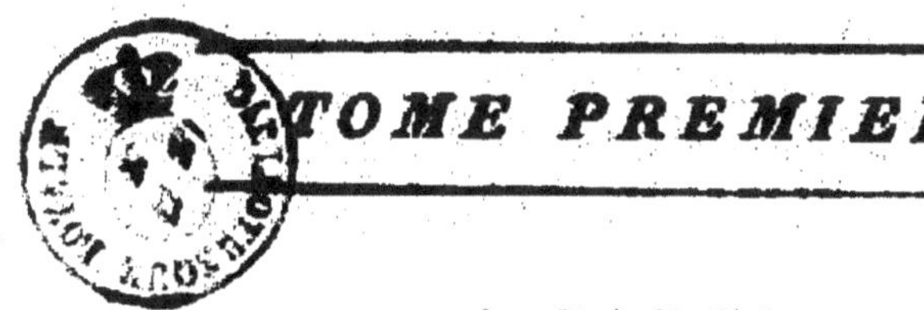

TOME PREMIER.

A PARIS,

Au dépôt du Code civil officiel, chez GALLAND, libraire,
Palais du Tribunat, n°. 223.

AN XIII. — 1804.

OUVRAGES NOUVEAUX

Qui se trouvent en fonds chez GALLAND, libraire.

Code civil des Français, édition originale et seule officielle, en trois formats. Prix, in-4°. papier ordinaire, 8 francs. Papier fin 12 fr. — In-8°, 4 fr. — In-32 1 fr. 80 centimes.

L'art du limonadier, ouvrage utile non-seulement aux limonadiers, distillateurs, mais encore aux pères de famille. Volume in-8°., prix 3 fr. 60 cent.

Fables de Loqman, jolie petite édition in-18, de l'imprimerie impériale. Prix 1 fr. 20 cent.

Mémoires de Montgaillard sur la trahison de Pichegru, etc. Prix 1 fr. 50 cent.

Alliance des jacobins avec le ministère anglais, ou Mémoires de Mehée sur les machinations du ministère anglais et de ses agens Drack et Spencer Smith. Prix 3 fr.

Premier et second rapports du grand juge sur cette affaire. Prix 1 fr.

Recueil des interrogatoires subis par le général Moreau, Pichegru, Georges, etc. Prix 1 fr. 50 cent.

Notice abrégée sur la vie, le caractère et les crimes des principaux assassins aux gages de l'Angleterre. Prix 1 fr.

Avec ces cinq derniers ouvrages on a une donnée exacte sur la dernière conspiration : ils se vendent réunis, 7 fr.

———

PRÉFACE.

L'AUTEUR, dans ce Tableau, a préféré aux brillantes descriptions, à la pompe des récits et à l'exaltation des sentimens une marche simple qui approchât plus de la vérité qu'on a trop souvent sacrifiée au plaisir de bien arrondir une période. Il est loin de regarder cet ouvrage comme parfait, et il n'a point prétendu s'en faire une réputation littéraire : il n'appartient peut-être pas à un seul homme, encore moins à lui, de satisfaire pleinement la curiosité du public éclairé sur une contrée fameuse sous tant de rapports ; et il en laisse le soin à la commission chargée de ce travail important, travail qui ne laissera rien ou peu de chose à desirer à cet égard. Le but de cet ouvrage a été de donner une idée générale et de notre position et des particularités les plus frappantes en Egypte.

L'auteur ose avancer qu'on trouvera ici une infinité de petits détails qu'on chercherait vainement ailleurs, et sans lesquels cependant on ne connaîtra jamais bien l'esprit, le génie, le caractère et les mœurs d'une nation. Ce Tableau a aussi l'avantage de contenir une foule de proclamations et autres pièces officielles qu'il serait difficile de se procurer aujourd'hui : enfin, il est tel que le lecteur se croit transporté sur la scène, et qu'il se verrait bien moins étranger, s'il venait un jour à parcourir le sol brûlant de l'Egypte : il aura aussi une idée de ces sortes d'expéditions, et des moyens à prendre en pareil cas.

L'auteur n'a pas cru devoir supprimer quelques faits pour avoir été relatés dans les papiers publics, ou des idées qui coïncident avec celles déjà émises ; loin de là, il en a adopté la rédaction, quand elle lui a paru convenable : il a pensé qu'un ouvrage consacré à l'utilité n'en devait pas être un d'amour-propre. Il croit, au reste, avoir rendu le tableau avec assez de vérité, n'affirmant que les choses évidemment connues ou dont il a été le témoin, et mettant le reste sur le compte des bruits publics. Il lui a été pénible de n'avoir pas eu toujours à louer, et s'il lui est échappé quelque erreur à cet égard, il s'en retractera avec plaisir, dès qu'on lui aura prouvé qu'il s'est trompé.

Comme il n'est pas probable que le grand travail de la commission puisse paraître de long-temps, et que le prix de son ouvrage sera d'ailleurs au-dessus de la portée de bien du monde, on a cru faire plaisir au lecteur en insérant à la suite de celui-ci les observations de quelques membres de cette commission sur les monumens et autres curiosités remarquables de l'Egypte. On y a joint aussi l'état militaire et civil de notre brave armée d'Orient : ce dernier tableau ne sera pas moins précieux pour la postérité qu'intéressant pour nos contemporains.

L'éditeur eût desiré sans doute completter cet ouvrage par une carte de l'Egypte ; mais comme il n'y en a aucune de parfaitement exacte, et que celle qui a été faite avec tant de soins sous la direction de M. Jacotin, est encore inédite, on s'est contenté d'indiquer dans un double tableau la position et la distance respective des principaux lieux de ce pays célèbre.

TABLEAU

DE

L'ÉGYPTE,

Pendant le séjour de l'Armée française.

LETTRES PRELIMINAIRES.

De la rade de Toulon, à bord de *la Sensible*;
19 floréal an 6.

JE ne puis pas te dire, mon ami, que mon voyage a été précisément malheureux, et je me serais amusé, si quelque chose pouvait plaire, lorsqu'on quitte, pour des pays lointains et inconnus, sa patrie, sa maîtresse, ses parens, ses amis. La seule chose que j'aie d'abord remarquée, parce qu'elle me touchait de fort près, mais qui ne te surprendra pas, c'est qu'après nous avoir fait partir de Paris avec beaucoup d'éclat et de magnifiques promesses, on a diminué nos frais de

A

route à Lyon où l'on nous a entassés sur quelques planches mal jointes, qui, sous le nom de bateau, nous ont charriés par le Rhône jusqu'à Avignon.

Nous étions environ une vingtaine sur notre frêle barque, et nous faisions tour à tour l'office de rameurs, tandis qu'un troisième s'occupait à rejetter l'eau qui entrait de toute part. Les choses allaient encore bien jusques là ; mais, le second jour, nous fûmes mouillés jusqu'aux os, et, pour comble de misère, la plupart de nous ne trouvèrent point de lit pour se coucher, dans un mauvais village où nous passâmes la nuit. Les uns se plaignaient, ceux sur-tout qui n'avaient jamais quitté leurs foyers ; d'autres nous annonçaient, pour motif de consolation, que ce n'était encore là que des roses : ceux-ci avaient raison sans doute, je m'étais trouvé moi-même dans des circonstances plus fâcheuses ; mais il ne faut pas moins convenir, mon ami, que c'est une triste raison que celle-là, lorsqu'on peut être mieux ; ce qui fût arrivé, si l'on nous avait fourni les moyens d'aller par terre, ou qu'on nous eût abrités avec quelques planches et de la toile cirée.

Le lendemain, au dessous de Valence, nous fûmes assaillis par un ouragan accompagné d'une grosse pluie, de grêle et de tonnerre. Nous faillîmes à chavirer maintefois, et les signes de croix et les prières du patron de la barque n'étaient point du tout rassurans, principalement pour une dame qui serrait étroitement son petit enfant entre ses bras, en criant *miséricorde*. La foudre tomba tout près de nous, et renouvella les alarmes : quelques-uns pensèrent que ce voyage commençait sous de sinistres auspices, le plus grand nombre en rit. Enfin, une petite grange s'offrit à nos regards, et nous parvînmes à y aborder heureusement.

Nous nous reposâmes un peu sur le foin ; ceux qui avaient encore du linge sec, en changèrent ; ceux qui n'en avaient pas jouèrent pour s'échauffer : l'orage cesse, nous partons. Nous ramons fortement ; nous passons gaîment sous le fameux pont du Saint-Esprit, et nous arrivons le soir à Avignon où de maudits colporteurs s'emparent de nos effets malgré nous, et nous font payer ce qu'ils veulent. L'aimable hôtesse de Saint-Omer nous réconcilia un peu avec cette ville dont je concevais déjà une assez mauvaise opinion.

J'avais grande envie de voir la fontaine de Vaucluse, si célèbre et devenue si intéressante par les amours de Laure et de Pétrarque ; mais on nous dit qu'il était absolument indispensable de se rendre au plus vîte à Toulon, lieu de notre embarquement : nous partîmes donc le lendemain pour notre destination.

Tu penses bien, mon ami, que nous ne pûmes trouver d'auberge dans cette petite ville qui fourmillait de monde : on me logea par étape chez une marchande épicière. Il n'y avait pas un homme dans cette maison ; une douzaine de femmes environ composaient la famille. Je ne te dirai pas qu'elles furent muettes, mais bien que je ne les comprenais guère, et qu'elles me comprenaient encore moins : heureusement la demoiselle de la maison arriva ; celle-ci savait parler français, et j'obtins un gîte Quant à moi, j'apprendrai nécessairement aussi le provençal ; car c'est la langue favorite, je pourrais dire la seule, des marins de ces parages, et même des officiers dont quelques-uns se croiraient déshonorés, s'ils parlaient disent-ils, une autre langue que celle de leurs pères.

Enfin, mon ami, j'ai été obligé, le 24 floréal, de me rendre à bord de *la Sensible*, sans avoir pu obtenir mon paiement, des patrouilles qu'on dit bourgeoises, mais à mines patibulaires, ne nous laissant que le choix de l'embarquement ou de la prison. *La Sensible* avait déjà gagné la grande rade; la mer était ce jour-là extrêmement houleuse : je fus couvert de lames d'eau à plusieurs reprises, et je bus pour la première fois de l'onde amère.

La Sensible est une jolie frégate, armée en flûte ; son nom me plaît : ô mon ami ! il sympathise si bien avec la situation de mon cœur. Nos lits sont des hamacs suspendus, et tellement rapprochés, que le roulis de la frégate doit nécessairement amener des balancemens et des chocs : au reste, tout est distribué avec ordre et convenance.

Bonaparte a visité et harangué l'escadre, avant de partir : il est venu à notre bord, le 28. Dans son discours, il a exhorté les soldats et les matelots à l'union et à la concorde ;

il s'est ensuite retiré aux acclamations de *vive la République! vive Bonaparte!* Nous avons tous mis notre confiance dans ce jeune héros, et nous en acceptons les meilleurs augures.

Demain, mon ami, nous partons; demain, peut-être, j'aurai vu pour la dernière fois le pays où je laisse toutes mes affections...

Adieu.

JUSQU'A présent, mon ami, notre navigation a été assez heureuse. Cependant, la troisième nuit , nous essuyâmes une bourasque violente. Comme je n'avais presque pas goûté le sommeil de quelques jours, cette nuit là je dormais assez profondément, lorsqu'une femme de soldat , entraînée sans doute par le roulis extraordinaire de la frégate, s'accroche, dans sa frayeur, à mon cadre qui se détache et me fait faire le plongeon sur les militaires ; car tu penses bien que nous étions fort encombrés. Je me réveille au milieu des cris et des alarmes ; je rattache mon cadre comme je puis , et je me rendormis comme l'orage commençait à passer.

Je n'ai point éprouvé le mal de mer : c'était un spectacle bien singulier, les premiers jours de notre navigation, et sur - tout dans les gros temps, de voir ces pauvres passagers, hommes et femmes, chanceler, vomir comme des ivrognes, et la plupart pâles comme la mort ; les tables , alors, étaient presque dé-

sertes aux heures de repos. Ce spectacle amu-
sait beaucoup les marins.

J'ai vu, en côtoyant la Sicile, les flammes
et la fumée du mont Etna. Ce phénomène
donne à l'ame une teinte qu'on ne saurait trop
définir, mais qui y laisse une forte impression
des grandeurs de la nature.

Au débouché de la Sicile, nous avons ren-
contré le convoi de Civita-Vecchia, que nous
attendions depuis quelques jours, et qui nous
avait précédés. Il est composé de soixante-six
bâtimens de transport, et commandé par
la *Courageuse* qui porte le général Desaix.
Cette réunion forme près de trois cens voiles,
y compris treize vaisseaux de ligne, sept
frégates, deux bricks, et huit autres vaisseaux ou frégates armés en flûte : c'est un des
plus beaux coups-d'œil qu'on puisse voir.

Nous étions alors à la vue de Gozo, qu'on
dit être l'ancienne Calypso : cette île dépend,
ainsi que Cumino, de celle de Malte. Les trois
ne sont séparées que par un petit bras de mer,
et leur population réunie peut monter à
cent cinquante mille ames.

Le même jour, 21 prairial, Bonaparte envoya un de ses aides-de-camp demander un

grand-maître la permission de faire de l'eau dans les différens mouillages; et sur le refus de celui-ci, de laisser entrer plus de deux bâtimens à la fois, le général fit débarquer ses troupes sur - le - champ. Le 22, malgré le feu de l'artillerie de l'île, l'armée était à terre, les ennemis repoussés, et la place investie. Le 23, le grand-maître demanda à négocier, et le 24, nous prîmes possession de la ville de Malte.

L'espèce humaine ne fut pas la seule, mon ami, qui se ressentit du fléau de la guerre : les fruits, les légumes, les peuples de basse-cour, tout, jusqu'aux graves descendans du noble compagnon de saint Antoine, mon bienheureux patron, se trouva enveloppé dans cette terrible affaire, et la protection de saint Luc ne put soustraire le pesant bœuf à la proscription générale; comme il n'était point facile de l'emporter tout entier, le soldat en détachait quelques cuisses à coups de sabre, et le laissait ainsi entre la vie et la mort. Les marins qui avaient conduit les troupes de débarquement, ramenaient leurs chaloupes pleines de provisions de toute espèce; et je suis assez fondé à croire qu'ils s'exerçaient plus que le soldat à ces sortes d'expéditions. Quant aux malheureux habitans des campagnes, ils s'étaient tous renfermés dans la ville, ou cachés.

Je suis descendu à terre le 25, et je me suis désaltéré avec une satisfaction indicible à une fontaine qui jaillissait au pied de la ville, près du grand port : c'était à qui son tour, car la chaleur y était déjà excessive, et depuis long-temps nous buvions de très-mauvaise eau. Le chemin qui conduit de là à la ville est un peu escarpé ; mais les rues de Malte sont bien percées, bien alignées : il ne leur manque qu'une surface plane que l'inégalité du terrein n'a pas permis de leur donner. Les maisons sont bien bâties, et comme autant de forteresses ; la ville et les ports présentent une défense qui eût effrayé toute autre armée que la nôtre. C'est à cette occasion que je fis le madrigal badin qui suit :

> Malte, jusqu'ici pucelle,
> Ne trouvait point de vainqueur.
> Bonaparte voit la fleur,
> Se présente devant elle.
> Au héros sitôt la belle
> Rend les armes et son cœur.
> Cent fois, gloire à sa valeur !
> De fléchir une cruelle
> Aux Français est dû l'honneur.

Un aqueduc conduit l'eau à la ville, et,
par le moyen de vastes réservoirs, entretient
les fontaines ; de grandes citernes, creusées
dans le roc, sous les places publiques, ali-
mentent les puits de chaque maison, et peuvent servir, en cas de siège ou pour tout
autre besoin, dans un pays où l'eau est si
rare. Enfin, mon ami, c'est sur ce stérile ro-
cher, qu'on peut dire avec raison que l'art
a forcé la nature.

Malte est à 53 degrés 44 minutes de longitude, et à 35 degrés 54 minutes de latitude. Les Maltais sont doux, laborieux,
affables; la plupart sont adonnés à la navigation. Les prêtres et les chevaliers, avec tout
ce qui leur est attaché, forment, à ce que
j'ai pu présumer, la moitié de la population
de cette ville qui peut avoir la grandeur
d'Orléans. On m'a dit qu'il n'y avait qu'une
auberge, et peu considérable. Je logeais
chez des prêtres attachés à l'imprimerie du
grand - maître : ces prêtres typographes
gagnaient douze sous par jour, ce qui suppose qu'il y faisait bon vivre avant notre arrivée. Quand je suis entré dans Malte, presque
toutes les boutiques étaient fermées; une seule

de limonadier était ouverte : c'était une française qui la tenait. Juge, mon ami, si l'af-
fluence fut grande, trop grande peut-être,
car la limonadière ne rouvrit plus.

La langue vulgaire est une espèce d'a-
rabe corrompu ; la langue écrite est l'ita-
lienne.

Je ne puis te dire si les femmes sont belles
ou jolies ; elles se cachent la figure avec un
voile ou une espèce de jupon renversé.

J'ai été à la comédie ; la salle est petite,
assez fraîche : il n'y avait pas un seul Maltais. On y représente en italien, et assez mal.
Une actrice a paru avec une robe aux trois
couleurs.

Le palais du grand-maître est vaste et
beau. On y voit un méridien dont on fait
beaucoup de cas.

J'ai été aussi visiter les églises ; elles sont
riches et belles, plus belles qu'en France.
C'était un spectacle touchant, que de voir
ces bons Maltais, la face prosternée contre
terre, et ne se dérangeant de leurs ferventes
prières, que pour présenter aux Français
des fleurs dont leurs autels étaient jonchés
pour nous, au moment où leurs églises étaient

dépouillées de ce qu'elles avaient de plus précieux, pour satisfaire à la contribution extraordinaire.

Pour détourner de cette île les horreurs de la guerre, qui se renouvellaient tous les jours dans la campagne, malgré la reddition du pays, Bonaparte a fait prendre le large à l'escadre ; et, après avoir tout organisé pour la sûreté de la place, il a ordonné qu'on appareillât, le premier messidor, laissant à Malte une forte garnison, en remplacement de l'ancienne qu'il a fait embarquer, ainsi qu'une grande quantité de matelots maltais, pour l'expédition d'Egypte. A son entrée dans Malte, il avait donné la liberté à tous les esclaves musulmans qui ne cessèrent de bénir son nom , et il a envoyé de suite aux puissances barbaresques leurs sujets respectifs : ceux de Turquie doivent suivre l'escadre.

Premier messidor au soir.

Mon ami, l'escadre est déjà loin, et je suis encore ici. *La Sensible* étant repartie pour France avec des dépêches, on ne m'a pas encore désigné un bâtiment. J'espère pourtant m'embarquer sur *la Courageuse*, qui n'attend plus que le général Desaix pour mettre à la voile.

Adieu.

DESCENTE EN ÉGYPTE

Commandement de *BONAPARTE*.

PARTIS de Malte, le 2 messidor au matin, nous rejoignîmes la flotte, au bout de vingt-quatre heures de navigation; et quelques jours après, nous apperçûmes Candie, la fameuse île de Crête chez les anciens.

Avant d'aborder en Egypte, Bonaparte a fait plusieurs proclamations; dans la première, il établit des peines sévères contre ceux qui se livreraient aux mêmes excès dont Malte avait eu à gémir, excès qui pouvaient extrêmement nous nuire dans le nouveau pays que nous allions habiter; les autres ont rapport aux dispositions militaires, à l'encouragement des soldats, et à la conduite qu'ils doivent tenir à l'égard des Egyptiens; et les dernières sont pour tranquilliser ceux-ci sur les motifs de l'expédition, menaçant les seuls Mamlouks et leurs complices de la terreur de ses armes, parce qu'eux seuls avaient insulté à la nation française, par les avanies et les outrages qu'ils avaient faits à nos négocians.

Nous étions, le 12, à la vue de la tour des Arabes, et le lendemain, à la pointe du jour, nous nous trouvâmes devant la ville d'Alexandrie. Bonaparte détacha de suite une frégate, pour demander et faire venir à son bord le consul de France, qui lui apprit qu'une escadre anglaise, forte de quatorze vaisseaux de ligne, avait paru deux jours auparavant, que deux officiers étaient descendus à terre, pour savoir des nouvelles de notre flotte, et qu'ils avaient remis en même temps un paquet pour les Indes. Le consul informa de plus le général, que la ville et les forts d'Alexandrie étaient disposés à se défendre contre ceux qui voudraient s'en emparer.

Ces rapports engagèrent Bonaparte à effectuer promptement la descente, quoique la mer fût alors fort agitée, et le débarquement très-difficile sur les côtes d'Egypte, qui sont toutes bordées de récifs. Il fit faire, en conséquence, les dispositions nécessaires, écrivit au pacha, qu'il n'entreprendrait rien contre le grand-seigneur et la religion des
Musulmans

Musulmans ; et, le 14 après minuit , nos troupes se trouvèrent en grande partie sur la plage de Marabou , à une petite demi-journée d'Alexandrie , mais sans artillerie ni chevaux. L'armée se met alors en marche sur trois colonnes , bat la charge , escalade les remparts , et entre dans Alexandrie , malgré l'opiniâtreté des ennemis qu'animaient la fureur et les cris des femmes et des enfans. Le général fit venir aussitôt les principaux de la ville , et avant la fin du jour le calme fut rétabli.

Les Français qui eurent le malheur de s'éloigner du gros de l'armée , furent enlevés ou assassinés par les Arabes. Bonaparte a fait depuis un traité de paix et d'alliance avec plusieurs tribus des environs ; mais on ne peut compter sur la bonne foi de ces gens là , qu'autant que leurs intérêts ne s'y opposeront point. Le général leur promit aussi la restitution de quelques terres qu'ils disaient leur avoir appartenu ; je ne sache pas qu'ils aient encore mérité qu'on les mette à même de les cultiver.

Je suis descendu à terre , le 20 messidor ; la chaleur était excessive , et je n'ai pas pu

me désaltérer avec le même plaisir qu'à
Malte. Je m'apperçus qu'en plusieurs endroits, des Egyptiens se penchaient pour su-
cer un bouton de cuivre, annexé au mur,
en forme de mamelon ; le petit orifice qu'il
présentait me fit présumer que c'étaient des
citernes ou des réservoirs destinés aux besoins du peuple, et, malgré le dégoût que
devait m'inspirer mon prédécesseur, je me
mis à teter au milieu de la rue. Ce ne fut
qu'après avoir étanché la soif qui me dévo-
rait, que je sentis le goût d'une eau trouble
et fangeuse, parce qu'on avait été obligé
d'ouvrir et d'épuiser ces réservoirs pour la
troupe dont cette petite ville était encom-
brée. J'achetai un verre de lait, pour me
dédommager ; et quoiqu'il fût de chameau,
et par conséquent très-mauvais de sa nature,
je le trouvai délicieux.

J'obtins un logement dans la maison du
consul de Venise, où je couchai la première
nuit sur la paille, et dans la suite sur une
natte de joncs, le corps moulu, et dévoré par
les cousins, les puces et les punaises. Heureux
ceux qui avaient gardé leur hamac ou leur
cadre ! Quant à la cuisine, il fallait la faire

soi-même, si l'on voulait manger : on se réunissait ordinairement en petite communauté, et on élisait un chef de cuisine. Tout ceci n'était que provisoire en attendant une installation définitive. Mais, avant de continuer ces petits détails qui donnent une plus parfaite idée de la manière d'être d'un pays, que les plus belles descriptions du monde, je crois devoir joindre ici un passage de Volnay à son entrée dans Alexandrie, parce qu'il est impossible de faire un tableau plus vrai et plus frappant.

« Le voyageur, dit-il, qui, ne connaissant
» que les villes, les mœurs et les usages des
» Européens, débarque en Egypte, est saisi
» d'un sentiment qu'il ne peut d'abord dé-
» mêlér, causé par la surprise et l'admira-
» tion.

« Parmi les lieux propres à produire ce
» double effet, il en est peu qui réunissent
» autant de moyens qu'Alexandrie. Le nom
» de cette ville qui rappelle le génie d'un
» homme si étonnant ; le nom du pays, qui
» tient à tant de faits et d'idées ; l'aspect du
» lieu qui présente un tableau si pittoresque ;
» ces palmiers qui s'élèvent en parasol ; ces

« maisons à terrasses, qui semblent dé-
« pourvues de toits; ces flèches grêles de
« minarets, qui portent une balustrade dans
« les airs; tout avertit le voyageur qu'il est
« dans un autre monde. Descend-il à terre,
« une foule d'objets inconnus l'assaillit par
« tous les sens; c'est une langue dont les
« sons barbares, et l'accent acre et guttural
« effrayent son oreille; ce sont des habille-
« mens d'une forme bizarre, des figures d'un
« caractère étrange : au lieu de nos visages
« nus, de nos têtes enflées de cheveux, de
« nos coiffures rondes ou triangulaires, et
« de nos habits courts et serrés, il regarde
« avec surprise ces visages brûlés, ornés de
« barbe et de moustaches; ce faisceau d'é-
« toffe roulée en plis sur une tête rase; ce
« long vêtement qui, tombant du cou aux
« talons, voile le corps plutôt qu'il ne l'ha-
« bille; ces pipes de six pieds, dont toutes
« les mains sont garnies; et ces hideux cha-
« meaux qui portent l'eau dans un sac de
« cuir; et ces ânes sellés et bridés, qui por-
« tent légèrement leur cavalier en pantoufle;
« et ce marché mal fourni de dattes et de
« petits pains ronds et plats; et cette foule

« immonde de chiens errans dans les rues ;
« et ces espèces de fantômes ambulans qui,
« sous une draperie d'une seule pièce, ne
« montrent d'humains que deux yeux de
« femme : dans ce tumulte, tout entier à ses
« sens, son esprit est nul pour la réflexion.
« Ce n'est qu'après être arrivé au gîte si
« désiré, quand on vient de la mer, que,
« devenu plus calme, il considère avec at-
« tention ces rues étroites et sans pavé ; ces
« maisons basses, et dont le jours rares sont
« masqués par des treillages ; ce peuple mai-
« gre et noirâtre qui marche nus pieds, et
« n'a pour tout vêtement qu'une chemise
« bleue, ceinte d'un cuir ou d'un mouchoir
« rouge. Déjà, l'air général de misère qu'il
« voit sur les hommes, et le mystère qui en-
« veloppe les maisons, lui font soupçonner la
« rapacité de la violence, et la défiance de
« l'esclavage ; mais un spectacle qui bientôt
« attire toute son attention, ce sont les vastes
« ruines qu'il apperçoit du côté de terre
« . . . . Pendant deux
« heures de marche, on suit une double ligne
« de murs et de tours qui formaient l'en-
« ceinte d'Alexandrie. La terre est couverte

« des débris de leurs sommets; des pans en-
« tiers sont écroulés, les voûtes enfoncées,
« les crenaux dégradés, et les pierres rongées
« et défigurées par le salpêtre. On parcourt un
« vaste intérieur sillonné de fouilles, percé
« de puits distribués par des murs en ombrés,
« semé de quelques colonnes anciennes, de
« tombeaux modernes, de palmiers, de no-
« pals (1), et où l'on ne trouve de vivans que
« des chacals (2), des éperviers et des hi-
« boux. »

On vient de voir qu'il ne reste plus que
quelques traces de l'ancienne Alexandrie,
et même de celle des Arabes qui avaient res-
serré les limites de la première. La moderne
est bâtie sur une langue de terre, entre les
deux port, et près de l'ancienne île de
Pharos, qui forme aujourd'hui une pénin-

---

(1) Espèce de figuier des Indes, sur lequel croît un
petit vers nommé Cochenille, dont on tire la couleur de
ce nom.

(2) Animal à peu près fait comme un renard, excepté
qu'il est plus gros, et qu'il a le poil plus épais et plus
rude. Il déterre les morts, dévore les animaux et les
charognes, et quelquefois les enfans. Il ressemble assez
aux chiens d'Egypte, avec lesquels il se trouve souvent.

sule. Cette nouvelle Alexandrie ne présente qu'une misérable bourgade dont la population excède à peine six mille ames. On a employé d'une manière aussi ridicule que barbare les colonnes et les marbres de l'ancienne pour la construction des édifices de celle-ci. J'ai vu des colonnes de granit couchées transversalement aux fondemens des remparts ; j'en ai vu qui étaient coupées par tronçons : on en fait aussi des meules de moulin.

Cette ville a deux ports, comme je viens de le dire, l'un à l'ouest, qu'on appelle le Port vieux, et l'autre, au nord, qu'on appelle le Port neuf. Le premier, plus sûr, plus profond et mieux abrité, était réservé aux seuls vaisseaux musulmans ; le second, qui n'offre presque pas de sûreté, recevait les bâtimens européens, désignés ici sous le nom de *Francs*. Dans l'un, comme dans l'autre, la passe est difficile, et l'on n'y trouve aucun de ces établissemens qu'exigent les besoins d'une flotte.

D'après les observasions du cit. Nouet, la longitude d'Alexandrie est de 27 degrés 25 minutes, sa latitude, de 31 deg. 13 min.

5 secondes. Cette ville est cernée par le désert et la Méditérannée, et ne tient réellement à l'Egypte que par le canal qui lui fournit l'eau pendant l'inondation. Les vivres arrivent par mer, de Rosette et autres lieux circonvoisins. Cette dernière ville est à environ douze lieues.

J'étais impatient de voir de près cette fameuse colonne, dite de Pompée, qui se montrait à nous d'une manière si majestueuse, lorsque nous étions en mer; en conséquence, nous y fûmes trois ou quatre, le jour même de mon débarquement. Elle est fort haute, d'un granit poli, un peu altéré du côté du sud. Le soubassement est dégradé; et elle nous parut un peu inclinée. Nous ne l'examinâmes pas davantage : un militaire qui se trouvait par là, vint nous dire que les Arabes venaient de tuer un canonnier, à quelques pas de la colonne. Nous vîmes ce malheureux baigné dans son sang; son corps était encore chaud : il y avait près de lui quelques sous de monnaie, et le fourreau de son sabre était beaucoup plus loin. La prudence ne nous permit pas de rester plus long-temps en ces lieux; le soldat s'en fut de son côté, emportant le chapeau du canonnier. Nous eûmes quelques soupçons sur lui ; j'aime à croire qu'ils étaient injustes Il y avait pourtant des sentinelles sur toutes les éminences ; on en posa dans la suite près de la colonne ; et malgré toutes ces précautions, ces accidens ne se renouvellaient que trop : mais il faut convenir aussi qu'ils tenaient bien souvent de l'imprudence des Français.

Je fus au café : les mieux composés sont une espèce de galetas ou baraque, sans autre ornement que des nattes grossières, où l'on s'assied les jambes croisées. Leurs ustensiles consistent en quelques cafetières, quelques tasses mal-propres, plus petites que les nôtres, et quelques pipes à fumer. Si vous avez soif, on vous apporte une bardaque (1) où tout le monde boit à même. Les Egyptiens, ne mettent point de sucre dans leur café; on allait en chercher pour les Français : il n'est

_____

(1) La bardaque fait le même office que notre pot à l'eau : c'est un vase de terre grise qui rafraichit merveilleusement l'eau. Son orifice est ordinairement en forme d'entonnoir, et il y en a d'assez élégantes ; quelquesunes sont en terre rouge; mais ces dernières ne sont, ni si bonnes, ni si belles.

point raffiné, et on le portait assez dégoûtant et d'une manière encore plus dégoûtante, c'est-à-dire dans le creux d'une main dont la blancheur n'égalait sûrement pas celle des lys, ou dans le pan de la robe, espèce de chemise bleue qui fait à peu près tout leur vêtement, bien plus sale que celle de nos derniers manœuvres, et qu'ils ne quittent qu'à la dernière extrémité. Je demandai une cuiller, pour faire dissoudre le sucre; le garçon ramassa un petit morceau de bois qui se trouvait par terre, et me l'apporta obligeamment. Comme je n'avais pas autre chose, je me vis forcé de m'en servir, après l'avoir essuyé avec mon mouchoir.

Un Egyptien passe volontiers sa journée dans ces sortes d'endroits : il y fume gravement sa pipe, rumine en faisant tourner un chapelet entre ses doigts, lâche de temps à autre quelques paroles à son voisin, écoute quelquefois un orateur qui raconte des historiettes, ou un poète qui déclame; et, si l'heure de la prière arrive, il fait ses prostrations au milieu du café. Il n'est pas rare de les rencontrer ainsi dans les rues, dans les places publiques, et sur les bords de la mer. Ils s'amusent aussi à une sorte de jeu qui consiste à changer de cases un nombre déterminé de petits coquillages, ou, à leur défaut, de petites pierres : ce jeu a deux rangées de quatre cases chacune ; ils ont encore une espèce de jeu d'échecs. L'Egyptien laisse, en sortant du café, un parat ou quelques guedids (1), suivant le nombre de tasses qu'il aura prises. Comme nous étions dans l'usage de payer tout plus cher, nous donnions deux ou trois parats par tasse.

Les maîtres du café, au reste, ne logent pas là ; et, en général, les boutiques des marchands, et leurs demeures, sont deux choses distinctes et éloignées. Ils croiraient, d'ailleurs, leurs femmes trop exposées sous le même toit où il viendrait des étrangers, y aurait-il un triple mur de séparation.

Les autres cafés sont aux coins des rues, dans les places publiques, etc. Un petit trou pratiqué en terre, ou deux pierres rapprochées, suffisent pour les uns comme pour les

---

(1) Dix guedids font un parat ou medin : celui-ci vaut à-peu-près un sous de notre monnaie. Avant notre arrivée il valait six liards.

autres. Cette boisson est ordinairement mauvaise et mal préparée, quoique la fève soit d'un bon acabit. On prend le café bien meilleur chez les particuliers, où l'on y mêle toujours quelques aromates qui lui donnent un goût exquis.

Les chiens n'ont point de maître ici ; on les regard comme des animaux immondes ; mais comme les Égyptiens sont très-compatissans pour les bêtes, on leur donne de temps en temps à manger et à boire. J'ai eu souvent occasion de remarquer l'instinct de ces animaux, pour se garantir de la soif dans un lieu où l'eau est si rare, et où elle l'était encore plus depuis notre arrivée ; ils se plongeaient jusqu'au cou dans l'eau de mer, pendant quelques minutes : on voyait, sur le Port neuf, cette scène se répéter sans interruption. Ces chiens sont tous de la même espèce, et presque tous de couleur rousse ; ils approchent du loup, et par la taille et par les formes.

Il y a ici des endroits spécialement affectés aux ventes et achats ; c'est ce qu'on nomme *bazars*. Mais il ne faut pas se figurer le Palais-Royal, ni la rue Saint-Honoré. Pour se faire une idée de ces boutiques, qu'on s'imagine des taudis de cinq à six pieds, pleins de poussière et d'ordure, et bien plus mesquins que certaines baraques occupées par nos malheureux savetiers. Ces boutiques sont de file, coupées d'espace en espace par de petites rues fort étroites, et élevées à la hauteur d'une espèce de parapet de deux à deux pieds et demi, où les marchands s'asseyent, et étalent quelques marchandises pour servir de montre.

Je ne parlerai point de la beauté, ni de la gentillesse des femmes d'Alexandrie ; je n'ai point joui de leur conversation, et elles ont toutes un borgo, espèce de masque, sur la figure on dit même qu'elles aimeraient mieux montrer toute autre partie de leur corps. Le visage est la dernière nudité qu'une Egyptienne abandonne à la curiosité et aux caresses de son amant ; il ne lui est permis de se découvrir que devant son père, son frère et son époux. J'ai eu cependant l'heureuse occasion d'en voir une chez elle : c'était la femme d'un juif, tailleur d'habits. Cet homme avait resté en Provence, et comme les voyageurs deviennent un peu philosophes, celui-ci s'était relâché des principes sévères des orientaux. On voyait sa femme travailler avec lui ; on voyait sa figure, on pouvait lui parler. Mais, à juger des grâces et de la beauté des autres femmes par cette juive, j'en donnerais une bien mince idée. Quelque affamé que l'on puisse être après une longue traversée, je ne crois pas qu'on puisse rompre son jeûne avec de pareilles créatures. Celle-ci pouvait avoir vingt - cinq ans : la beauté de sa gorge consistait en deux mamelles ridées qui lui tombaient sur les cuisses ou plutôt sur ses pantalons qui témoignaient visiblement que l'eau était rare. Elle avait un œil affecté de la taie, les traits point fins, d'ailleurs, assez réguliers. Le meilleur morceau de la pièce était sans contredit la langue, au moins par sa volubilité. Au moment où je m'y trouvais, elle s'entreprit avec un homme dont elle avait sans doute à se plaindre, et je puis assurer qu'il ne fut pas possible à celui-ci de trouver l'instant de proférer quelques paroles pour sa justification. Je ne comprenais encore rien de l'arabe ; mais il eût fallu être bien versé dans cette langue pour saisir la rapidité de sa pensée. En sortant, je donnai

quelques parats à ses enfans ; alors elle se
leva et vint au devant de moi , et je ne pus
m'en débarrasser qu'en lui faisant le même
cadeau. Le peuple d'Egypte est très-quêteur.
Le juif me parlait un jargon moitié italien ,
moitié provençal.

Les gens du peuple , hommes et femmes ,
ont une démarche fière et une contenance
assurée : les femmes du ton se dandinent et
marchent lentement ; les hommes , au dessus de la classe commune , ont aussi la démarche plus posée ; mais ils vont rarement
à pied. Ils ont, les uns et les autres, beaucoup plus d'embonpoint que le petit peuple,
ce qui est une beauté en Égypte.

J'ai été voir les deux obélisques , dits les
aiguilles de Cléopatre ; ces aiguilles sont au
bord de la mer, près du Port neuf. La première
est couchée par terre, et presqu'ensevelie sous
les sables ; les Français ont fait et laissé , au
pied de la seconde , une excavation assez
profonde pour l'exposer au même accident.
L'obélisque sur pied est couvert de figures,
que les savans croient être des hiéroglyphes.
Tout entier au présent, je ne m'occupe guère
du passé, que pour me préparer un meilleur

avenir; mais il me semble que ces figures sont plutôt là comme ornement, que comme inscription; et j'en trouve la raison dans leur ordonnance et leur symétrie; car elles se trouvent continuellement répétées dans le même regard et la même proportion. On dit qu'on y reconnaît quelques signes employés pour le langage hiéroglyphique, l'eau, par exemple : soit; mais il n'en reste pas moins à résoudre si ces signes sont encore mis là réprésentatifs d'idées ou seulement de la chose. Au reste, j'émets cette opinion, en passant, et je n'y attache aucune importance. Les amateurs de l'antiquité ressemblent à des amans passionnés qui cherchent leur maitresse sous toutes les formes, et je respecte jusqu'à leurs illusions. Ils ont besoin d'un puissant véhicule pour les soutenir dans des recherches si pénibles et si souvent infructueuses; et lorsqu'ils ont le bonheur de parvenir à la découverte de la vérité, ils n'en ont souvent que l'éclat; l'utilité est pour tous.

Cet obélisque est d'une seule pièce de granit : deux de ses faces sont bien conservées; mais celles à l'est et au sud sont un peu détériorées. En général, tous les ouvrages

antiques

antiques portent l'empreinte des ravages du temps du côté du sud - est , et dans la partie la plus voisine du sol (1).

L'aiguille de Cléopatre et la colonne de Pompée sont les deux seuls monumens entiers qui nous restent de cette fameuse Alexandrie. A la place du phare qui fut une des sept merveilles du monde, on voit une mauvaise tour carrée , bien digne en tout de la nouvelle ville.

Bonaparte était parti d'Alexandrie , le 19 méssidor au soir ; il fit son entrée au Kaire , le 5 thermidor , après plusieurs combats et une bataille sanglante, livrée aux Mamlouks, non loin des Pyramides. Ainsi , malgré les fatigues d'une marche pénible au milieu d'un désert aride et brûlant ; malgré les pri-

____

(1) L'illustre Dolomieu en a rapporté la cause aux variations fréquentes dans l'état hygrométrique de l'atmosphère. L'humidité des nuits, entretenue par l'extrême abondance des rosées , est plus sensible dans la région inférieure de l'atmosphère ; elle est dissipée le matin par une évaporation presque subite ; et le dessèchement est encore plus rapide à l'exposition de l'est et du sud : ces alternatives de sécheresse et d'humidité ébranlent peu à peu les mollécules , et finissent par les séparer.

vations de tout genre, au point que l'armée dut son salut aux pastèques ; malgré les Arabes qui harcelaient continuellement les troupes ; malgré enfin la résistance opiniâtre, et l'on peut dire la valeur des Mamlouks, cet homme extraordinaire se trouve maître de la basse Egypte, en quinze jours de temps. Le général Desaix est envoyé à la poursuite de Mourad-Bey qui a fui dans le Saïd avec les débris de son armée. L'autre chef, Ibrahym-Bey, est parti du côté de la Syrie, et il passera vraisemblablement le désert, car il n'a aucune place dans cette partie de l'Egypte, qui est à découvert, pour se soutenir contre les Français.

Nous venons de recevoir ces heureuses nouvelles ; mais notre joie a été de bien courte durée. Un évènement déplorable vient de nous plonger dans l'affliction : notre escadre n'existe plus.

Comme on ne connaissait pas encore assez la passe pour entrer dans le Port vieux, et que d'ailleurs elle ne tirait pas assez d'eau pour les gros vaisseaux, l'amiral Brueys fut mouiller dans la rade d'Aboukir. Dès que l'amiral anglais Nelson connut notre po-

sition, il revint sur ses pas : son escadre passa
à la vue d'Alexandrie, le 14 thermidor, entre
quatre et cinq heures du soir, et un des vaisseaux s'approcha jusques sous la tour du
phare. Les Anglais avaient arboré pavillon
espagnol : nous étions tous sur les terrasses (car
ici on se promène sur les maisons), et nous
ne savions trop si nous devions nous réjouir de
cette apparition, quelques-uns de nous pen-
sant, avec raison, que ce pourraient bien être
les Anglais, et que nous aurions à courir les
chances d'un combat. Mais nous fûmes bientôt tirés de cette perplexité : l'attaque commença sur les six heures. La canonnade fut
très-vive, et continua sans interruption jusqu'à dix heures et demie. Brueys s'était em-
bossé, pour présenter un rempart plus formidable à l'ennemi ; mais il ne s'était pas assez
approché de terre, de sorte qu'il fut tourné
par une partie de la flotte anglaise. A neuf
heures et demie, le feu prit à un vaisseau ;
nous ne pouvions pas distinguer s'il était
à nous ; une heure après il sauta avec un
fracas épouvantable. Un morne silence suc-
céda subitement à cet horrible spectacle:
on eût dit qu'il avait saisi d'effroi les deux

escadres. J'étais alors à ma croisée qui donnait sur le Port neuf, et d'où je voyais la rade d'Aboukir : une colonne d'air me frappa si vivement à la poitrine, que je crus l'avoir été involontairement par un de mes amis qui se trouvait là ; mais il avait éprouvé lui-même cet effet, et l'explosion que nous entendîmes aussitôt, nous en fit connaître la cause. Le combat recommença bientôt après avec le même acharnement.

Nous apprîmes le lendemain que c'était le vaisseau amiral *l'Orient*, qui avait sauté. Il était aux prises avec quatre ou cinq vaisseaux anglais, et l'on prétend que l'attaque s'était faite de si près que la bourre du canon ennemi occasionna cet incendie. Les peintures à l'huile dont on venait de décorer les chambres du vaisseau, et les seaux qui contenaient la couleur, et qu'on avait eu l'imprudence de laisser sur le pont, ne contribuèrent pas peu à le propager. Ainsi périt ce beau vaisseau qui avait renfermé près de trois mille hommes dans son sein, et porté le général Bonaparte et son état-major.

On ne peut s'empêcher de remarquer qu'il

y a une fatalité malheureuse attachée à nos flottes. Quoique notre position fût désavantageuse, il est hors de doute que les Anglais auraient été criblés, puisqu'ils ont tant souffert, malgré cet accident; car on dit qu'ils ont eu plus de mille hommes de tués, et le double de blessés : l'acharnement était tel, que les deux flottes se seraient trouvées l'une et l'autre hors de combat. Le général en chef avait envoyé un de ses aides-de-camp à l'amiral Brueys, pour l'engager à entrer dans le Port vieux, s'il était possible, ou bien à se retirer à Malte ou à Corfou ; l'aide-de-camp fut malheureusement assassiné en route avec son escorte. Je laisse à penser ce que nous deviendrions maintenant, si Bonaparte n'avait pas complétement battu les Mamlouks.

Le Tonnant s'est défendu, seul, trente-six heures contre toute l'escadre anglaise. Du Petit-Thouars qui le commandait, a eu les deux cuisses cassées par un boulet de canon; un second est venu lui enlever le bras. On dit qu'il a demandé une pipe, et qu'après avoir fumé quelques minutes, il est mort en recommandant à son équipage de ne se

rendre jamais. Quelques vaisseaux se sont
fait sauter plutôt que d'amener pavillon ; il
y en a eu de coulés bas. On rapporte que les
deux flottes présentent un spectacle lamen-
table ; on ne voit de part et d'autre que vaisseaux fracassés, démâtés, échoués, coulés
bas ou brûlés.

A huit heures et demie, l'amiral Brueys
avait été blessé à la tête et à la main ; sur les
neuf heures un boulet de canon le frappa à
mort : il expira quelques minutes après.

L'Orient était en proie aux flammes, qu'on
s'y battait encore. Avant que le feu ne prît
à la Sainte-Barbe, chacun se jetta à la nage,
et s'accrocha comme il put aux débris qui
surnageaient, et quelquefois aux dépens du
plus faible, ou de celui qui ne conservait
pas assez de présence d'esprit pour veiller à
sa sûreté. Au moment de l'explosion, il y eut
un revirement terrible ; la mer s'entrouvrit
et tout s'engloutit dans les abîmes. Ceux qui
ne perdirent pas la tramontane, revinrent
quelques instants après, avec les débris, sur
la surface de l'eau ; mais plusieurs, dans
cette affreuse circonstance, avaient abandonné leur planche de salut : ils ne virent plus

le jour : les autres, entre la vie et la mort, restèrent là jusqu'au lendemain. Accablés de fatigues, transis de froid, mourant de faim et de soif ; menacés, atteints quelquefois des boulets qui planaient sur leurs têtes, ils imploraient vainement le secours des Anglais qui se seraient trop exposés à leur en porter : ce ne fut que le lendemain matin, qu'ils purent les tirer de cette situation cruelle.

Je tiens ces détails d'un témoin oculaire, qui se trouvait dans cette scène d'horreur, et qui en rapporta une surdité et un torticolis dont il fut affligé pendant plusieurs mois. Il m'a conté, à ce sujet, un trait assez original : lorsqu'il vit que le feu prenait de tout côté, et qu'il n'y avait plus d'espoir, il voulut engager un de ses amis à suivre son exemple ; celui-ci refusa absolument de s'élancer à l'eau, disant qu'il ne savait pas nager : quelques minutes après il sauta en l'air.

On cite aussi un exemple touchant de piété filiale : le jeune Casa-Bianca, âgé de dix ans, ne voulut jamais abandonner son père, capitaine du vaisseau, et dangereusement blessé, quoiqu'un matelot voulût le soustraire à la proie des flammes. Ce tendre fils mourut dans les bras de son malheureux père, victimes l'un et l'autre de l'explosion.

De toute notre escadre, il ne reste plus à la France que deux vaisseaux et deux frégates, que le vice-amiral Villeneuve a conduits à Malte. Les Anglais ont voulu le poursuivre, mais il a fait une si belle défense, qu'on ne l'a plus inquiété dans sa retraite.

Croirait-on qu'il se trouve parmi nous des gens qui attribuent la perte de notre flotte à un coup de politique, et qu'on a voulu enlever à l'armée jusqu'au moindre espoir de retourner en France? Les soldats, accoutumés à ne voir dans Bonaparte que des choses extraordinaires, et ceux qui pensent que le Directoire a voulu l'exiler avec son armée, sont presque tous imbus de cette idée. Il est possible aussi que le parti du général Kléber ait fait circuler ces bruits, pour déverser de l'odieux sur l'illustre général qui se trouve à la tête de cette importante et périlleuse expédition. Quoi qu'il en soit, et Bonaparte et le Directoire avaient d'autres moyens de se défaire de l'escadre, sans sacrifier tant de braves gens, donner un nouvel éclat à notre rivale, et relever peut-être les espérances de ses alliés abattus : ces idées absurdes ne peuvent entrer dans une tête raisonnable.

Les Anglais nous ont renvoyé tous les prisonniers qu'ils avaient faits dans ce combat mémorable, parce qu'ils manquent de vivres ; et ils ont commencé par les blessés. On prétend que le nombre de nos morts et blessés n'excède pas celui des Anglais ; et cependant, outre les chances de la guerre, nous avons eu beaucoup de noyés : ce qui pourrait donc rendre cette assertion vraisemblable, c'est que nous étions moins au complet que nos ennemis. J'aurais cru les blessures très-dangereuses dans une saison où les chaleurs sont excessives ; pourtant elles viennent toutes à bien : sans doute que la salubrité de l'air, qu'entretient le vent du nord qui souffle actuellement, et la transpiration qui est ici très-forte, contribuent beaucoup à ces heureuses dispositions.

Les Anglais brûlent les vaisseaux qu'ils ne peuvent emmener : à ce spectacle, nos soldats frémissent de colère ; je crois qu'ils iraient attaquer l'ennemi à la nage.

Nous avons ici dix bâtimens de guerre, tant vaisseaux que frégates et bricks ; mais ils sont vieux ou mal armés, et quelques-uns condamnés depuis long-temps. Nous ne manquerons point de monde pour en compléter les équipages ; car les rues sont encombrées de matelots : on parle même d'en former une légion nautique. Il est certain que c'est le meilleur moyen de tirer un parti avantageux du malheureux évènement qui a rendu leurs bras inutiles sur mer.

On travaille avec activité aux fortifications, et l'on prend tous les moyens humainement possibles, pour repousser les Anglais, s'ils voulaient faire quelque tentative sur la ville ou les ports. On les salue de temps en temps de quelques coups de canon ; mais ils ne viennent jamais à portée.

Nos bâtimens de transport mouillent dans le Port vieux, quelques-uns dans le Port neuf. Il en part assez souvent pour le continent européen : les Anglais les brûlent, quand ils peuvent s'en emparer ; et nous renvoient les passagers, en leur disant d'aller mourir de faim à Alexandrie.

Cette opinion de nos ennemis est assez singulière ; et c'est aussi peut-être ce qui les a en partie déterminés à nous rendre les prisonniers de guerre. Il est certain que nous sommes loin et très-loin de jouir des commodités de la vie auxquelles un Européen est accoutumé; mais comment peuvent-ils croire qu'avec le Nil et la terre fertile de l'Egypte, qui fut autrefois le grenier des Romains, nous puissions manquer des deux choses essentielles à la vie? Le pain est à la vérité détestable; il est noir, plein de paille, de gravier et autres ordures; mais cela tient à la rapacité des préposés, qu'il serait facile au général Kléber, qui commande ici, de faire cesser; et l'on nous assure qu'il n'en est pas de même dans les autres parties de l'Egypte. En attendant, nous mangeons et nous préférons le pain du pays, que les circonstances nous font trouver passable. Ce pain est assez semblable aux galettes de bled sarasin, que l'on fait dans quelques parties de la France : il est mal cuit, peu ou point levé. L'eau est sale, dégoûtante, pleine de vers, parce que les citernes, considérablement diminuées par l'arrivée de nos troupes et de la flotte, sont déjà très-basses; mais le Nil commence à s'élever à la hauteur du canal d'Alexandrie, et nous aurons bientôt de la nouvelle eau.

Ce canal était autrefois navigable toute l'année ; il ne l'est guère à présent que de trente à quarante jours, par la coupable insouciance de l'ancien gouvernement qui en a négligé l'entretien. On prétend qu'il est recouvert d'un marbre que les sédimens successifs, charriés par l'eau, ont totalement recouvert. C'est un *dictum* du peuple, auquel j'ajoute peu de foi. Il y aurait plus d'uniformité dans la largeur, qui cependant varie beaucoup. On craint que les Arabes et les paysans ne fassent des coupures au canal ; nous tâcherons d'y mettre bon ordre ; et toute la ville d'Alexandrie s'y trouve trop intéressée, pour ne pas nous seconder dans nos efforts.

En parlant d'Arabes, ces braves gens ne peuvent concevoir comment les Anglais et nous, pouvons nous envoyer, et recevoir poliment, des parlementaires : ils trouvent qu'il serait bien plus naturel de leur couper le cou. De tout côté, nous donnons la chasse à ces misérables ; nous brûlons leurs camps, les villages où ils se réfugient, et qu'ils soulèvent. Mais que sont ces pertes? Quelques chétives huttes qu'ils renouvellent avec de la boue; quelques mauvais ustensiles de terre, qui ne valent pas même la peine d'être pris. La plus grande perte pour eux est celle de leurs bestiaux, quand on peut réussir; encore est-elle bientôt réparée aux dépens des pauvres paysans dont ils sont la terreur et le fléau. Comme ils ne se battent qu'en tirailleurs et à la dérobée, et qu'ils ont le désert pour ressource, il n'est point d'armée qui puisse en venir à bout : aucune puissance jusqu'à présent n'a pu les dompter.

L'eau est entrée dans le canal d'Alexandrie, sur la fin de fructidor : nous la desirons bien vivement, sur-tout depuis que nous sommes privés de vin. Qu'on joigne à cela le plaisir de voir couler de l'eau douce, n'ayant pas vu de ruisseau depuis près de cinq mois L'impatience nous a souvent conduits sur les hauteurs, et chaque fois un phénomène d'optique, particulier à ce pays, nous a cruellement trompés. Ce phénomène est tel, qu'à une lieue environ le terrein

paraît terminé par une inondation générale (1).

Nous venons d'apprendre que les Arabes
et les fellahhs ou paysans, soit pour nous
nuire, soit pour leur utilité, ont effectivement fait des coupures au canal; et nous
avons fait partir aussitôt des troupes, avec
quelques notables du pays, pour protéger
l'arrivée de l'eau : ces troupes camperont à
des distances convenues sur les bords du canal. Sous le gouvernement des Mamlouks,
le commandant de la province de Bahhyréh
envoyait aussi un de ses cachefs camper sur
les bords du canal, au moment où l'eau y
entrait. C'était non seulement pour empêcher
les Arabes et les fellahhs, d'y faire des coupures, mais encore pour en ordonner lui-

____

(1) Le citoyen Monge en a donné l'explication, dans
une des séances de l'Institut d'Egypte. Trois choses con-
courent à produire ce phénomène, qu'il appelle *mirage*;
une grande plaine à peu près de niveau; la prolongation
de cette plaine jusqu'aux limites de l'horizon; et une
température très-élevée, par l'exposition du terrain
au soleil. Ce mirage réfléchit l'image renversée des
villages, des arbres, et autres objets qui dominent la
plaine.

même, quand la trop grande quantité d'eau pouvait faire craindre une rupture. Dès que les citernes d'Alexandrie étaient pleines, il entrait dans la ville pour en demander la vérification : elle était faite par le commandant, le cady et les u'lémas. On remplissait ensuite un vase, de l'eau de ces citernes. Ce vase, scellé par les vérificateurs, servait, avec l'attestation qui y était jointe, à prouver au commandant du Kaire, que l'eau était bonne, et que les citernes étaient remplies.

Les citoyens Dutertre, Protain, Le Père et Norry viennent de faire un travail sur la colonne de Pompée. Quoique ces détails n'entrent point dans mon plan, je vais en donner le rapport exact, et parce que cette colonne est un des plus fameux monumens qui existent actuellement en Egypte, et parce que la bizârerie de son ensemble présente des idées qui se rapportent à plus d'une époque.

« Cette colonne, placée sur une légère
« éminence, s'élève sur un soubassement que
« les barbares ont en partie détruit, et dont
« on voit, au centre, le noyeau formé d'un
« monument égyptien, d'environ quatre
« pieds de diamètre, et retourné, ainsi qu'on

» le juge par le renversement des hiérogly-
» phes qui sont gravés dessus, mais peu dis-
» tincts,

» On peut remarquer que la dégradation
» opérée sous le piédestal a produit un tas-
» sement inégal qui a fait pencher la colonne
» vers l'ouest, d'environ huit pouces; et
» c'est peut-être ce tassement qui a occa-
» sionné la profonde cassure qui règne dans
» la circonférence de la partie inférieure du
» fût, et verticalement à l'est, dans une hau-
» teur d'environ quinze pieds.

» Quant à sa division, elle est de quatre
» parties, le piédestal, la base, le fût et le
» chapiteau. Il est vraisemblable, d'après
» un cercle de six pieds trois pouces de dia-
» mètre sur le plan du chapiteau, déprimé
» de deux pouces, qu'il y avait un socle,
» et peut-être une figure, qui couronnait le
» monument.

» Quoique cet ordre soit corinthien, par
» son chapiteau, il n'en a point la propor-
» tion grecque, parce que les diverses par-
» ties qui le composent ont été évidemment
» faites postérieurement au fût, et sans
» harmonie entre elles. Il paraît également
évident

« évident que le fût seul est antique, de pro-
« portion dorique ; et il est hors de doute
« qu'il aura été réédifié à quelque époque
« que l'on aura voulu signaler. Les autres
« parties sont d'un goût médiocre ; le chapi-
« teau est court, et n'est que massé ; la base
« qui est de profil attique, est mal propor-
« tionnée ; le piédestal est ridiculement petit
« sous la colonne.

« Toutes les autres parties de ce monu-
« ment sont en granit poli, qui s'est sensi-
« blement altéré du côté du sud-est.

« La hauteur totale de toutes les parties de
« la colonne est de quatre-vingt-huit pieds
« six pouces : le piédestal a dix pieds ; la base,
« cinq pieds six pouces trois lignes ; le fût,
« soixante-trois pieds un pouce trois lignes ;
« et le chapiteau, neuf pieds dix pouces six
« lignes.

« Voici les mesures des diamètres du fût
« de la colonne, pris à ses deux extrémités,
« et dans sa partie moyenne, à peu près vers
« le tiers : au bas, huit pieds deux pouces six
« lignes ; au tiers, huit pieds trois pouces
« deux lignes ; près l'astragale, sept pieds
« deux pouces huit lignes. »

D

Nous venons de célébrer la fête du premier vendémiaire an 7. On devait illuminer l'aiguille de Cléopatre et la colonne de Pompée ; mais le vent ne l'a pas permis. Les gens du pays ont mêlé leur musique bruyante aux divertissemens des Français. Ceux qui connaissent la musette des Auvergnats, auront une idée du son de leur principal instrument qui est une sorte de hautbois ; ils raclent aussi d'une espèce de violoncelle ; et si l'on ajoute à cela des castagnettes, et des timbales qu'un chameau promène gravement avec les musiciens, on peut se représenter ce charivari épouvantable (1), qu'ils préfèrent, dit-on, à notre musique, le tambour excepté.

Il vient de paraître un ordre du général en chef, qui enjoint aux habitans de l'Egypte de porter la cocarde aux trois couleurs, et d'arborer le pavillon tricolor sur toutes les djermes

---

(1) Le citoyen Villoteau, artiste et littérateur distingué, s'est principalement occupé de cette partie. S'il ne prive pas les amateurs de ses profondes et pénibles recherches, il parlera en connaisseur de cette musique ; moi, je ne puis parler que de l'effet qu'elle a produit sur mes sens.

employées à la navigation : ces djermes sont de grosses barques à voiles latines. Il leur est aussi enjoint d'arborer le même pavillon sur les plus hauts minarets des chefs-lieux des provinces : ce dernier article fait quelque peine aux Musulmans.

L'eau du canal d'Alexandrie est enfin arrivée : on va la laisser couler pendant quelques jours dans le Port vieux où elle se décharge, avant de couper les digues des petits canaux souterreins qui la conduisent aux citernes, parce que les premières eaux charrient beaucoup d'immondices. En attendant, on transporte une infinité de barques sur le canal, pour faire monter au Kaire les munitions de guerre; on en profitera aussi pour approvisionner Alexandrie dont les communications, par mer, avec Rosette sont actuellement interrompues par les croisières de nos ennemis; car il n'y a pas jusqu'aux Portugais qui ne promènent fièrement à notre vue trois vaisseaux de ligne et deux corvettes. Nous étions donc obligés de tout transporter par terre à dos de chameau; ce qui devenait très-long, très-pénible et très-dispendieux

La musique du pays ayant annoncé la solemnité de l'ouverture des canaux qui remplissent les citernes, j'ai été voir cette fête, qui a failli de me devenir funeste. Eloigné de la foule, je longeais seul le canal, lorsqu'une balle a sifflé autour de mes oreilles, et s'est fichée en terre à quelques pas de moi ; je n'ai point su d'où le coup était parti : il y a environ quinze jours, je courus le même danger, avec un de mes amis, en me promenant sur les ruines de l'ancienne Alexandrie. Cette fête, au reste, n'offre rien de bien particulier : on se régale, on prend du café, on boit de cette eau tant desirée ; le peuple s'y plonge en foule, et fait mille folies, bien naturelles sans doute, puisque son existence est attachée à la crue de ce fleuve.

Les canaux dérivatoires ne sont à présent, qu'au nombre de quatre ; les autres sont rengorgés, ou n'aboutissent plus qu'à quelques jardins particuliers. La coupure faite, les eaux se rendent, par ces quatre petits canaux, dans des réservoirs d'où on les élève, au moyen de roues à pot dont l'assemblage présente la forme d'un chapelet, dans de petites rigoles, presque toujours à leur de terre, qui les distribuent ensuite aux diverses citernes de la ville. Ces sakkyéhs, suivant le langage du pays, sont en assez grand nombre. La province de Bahhyréh est obligée de fournir les chevaux ou les bœufs qui sont employés à tourner ces roues.

Le nombre des citernes était autrefois très-considérable : on en comptait encore, il n'y a pas long-temps, trois cens soixante, propres à recevoir les eaux ; il en reste, je crois, trois cens huit ; et le nombre en diminuera vraisemblablement de jour en jour, si l'on continue d'en négliger l'entretien.

Après la coupure des digues des canaux dérivatoires, on ne ferme point cependant l'embouchure du grand canal dans le Port vieux où il se termine en forme d'égout, parce que, pendant à peu près l'espace d'une demi-lieue, son fond s'élève à mesure qu'il approche de l'enceinte de la ville des Arabes. Cette contre-pente empêche qu'il ne s'écoule par là une trop grande quantité d'eau : celle qui s'échappe est effectivement peu considérable ; elle sert à l'approvisionnement des vaisseaux.

Je me suis embarqué, le 24 au soir, sur le

canal, avec un convoi assez considérable pour Rahhmanyéh et le Kaire. Il est difficile de se figurer les embarras et les entraves de ces sortes d'expéditions. Lorsque j'ai eu fait charger ma barque, en payant bien cher des gens que le gouvernement payait et préposait à cet effet, il ne s'est trouvé personne pour la conduire : le patron avait disparu ; et j'ai été obligé de la faire amarrer à une autre, moyennant encore de l'argent. Ces barques et leurs conducteurs sont du pays, aux frais et à la réquisition du gouvernement français ; et lorsque les patrons n'ont point à faire à des militaires, ils cherchent à augmenter leur bénéfice, en arrachant des particuliers tout l'argent qu'ils peuvent. Il était nuit, on partait, il fallait payer ou coucher sur le rivage, à la merci des Arabes, à moins d'abandonner ses effets, et de retourner à Alexandrie.

Ce canal, dont les historiens et les poètes ont célébré les bords rians, n'offre par-tout qu'un aspect sauvage. Il peut avoir une vingtaine de lieues d'étendue ; sa largeur varie, et il est presque engorgé dans certains endroits, parce qu'on n'a pas eu le soin de jetter hors de son lit les terres provenant des curages annuels. Quoiqu'il eût pu être en ligne directe, il est plein de sinuosités, sans doute pour communiquer avec des habitations considérables qui existèrent jadis, ou pour recevoir sur son passage le tribut de différens petits canaux qui y aboutissent.

On croira aisément que j'ai dû faire maigre chère dans un pays où l'on ne trouve rien en voyage, et où il faut tout préparer soi-même. Dans ces sortes d'occasions le soldat est celui qui se trouve le mieux, parce qu'il est au fait de petites ressources que nous ignorons, ou dont nous ne voudrions pas toujours faire usage.

Nous arrivâmes, le 26 au soir, à l'entrée du canal, et il était temps, car l'eau avait tellement diminué, que nous fûmes obligés d'y coucher, quoiqu'à la vue de Rahhmanyéh. Le lendemain matin, on déchargea une partie des bagages sur de petites barques, et nous entrâmes dans le bras du Nil qui arrose les murs de cette petite ville ou plutôt de ce village.

Nous vîmes enfin des terres cultivées : le Nil était encore beau, et les richesses de la nature s'empressaient d'éclore sur les terres qu'il abandonnait. Ici, le dattier superbe n'était plus solitaire comme à Alexandrie ; les orangers, les grenadiers, les accacias et le majestueux sycomore paraient aussi la campagne ; les fleurs et les fruits confondus sur le même arbre annonçaient une végétation continuelle ; les troupeaux bondissaient dans les prairies, et le soleil naissant sous un ciel toujours serein animait encore ce tableau. Oh ! combien la nature me parut belle ce jour-là ! Je n'avais pas vu de verdure depuis mon départ de France : ce spectacle me rappela ma patrie dans nos beaux jours d'été, et j'éprouvai une sorte de mélancolie à la fois pénible et douce, mais qui avait bien des charmes. Le sort déplorable d'un soldat de la garnison, qui se baignait dans le Nil, m'arracha bientôt à ces délicieuses sensations : ce malheureux s'est noyé presqu'à notre vue, sans qu'on ait pu lui porter à temps un secours qu'il implorait avec tant d'instance.

Rahhmanyéh n'est important que par sa position sur le Nil, et la garnison qu'on y entretient. Les maisons sont des cahuttes faites de boue, de forme ronde ou carrée, très-basses et très-resserrées, où l'on couche pêle et mêle, comme un tas de pourceaux, et où les animaux sont souvent de la partie. J'en ai remarqué deux bâties en pierre ; un café, d'ailleurs fort sale, et la maison qu'occupe le commandant de la place, maison dont on voudrait à peine faire une écurie en France : les remparts répondaient parfaitement à l'enceinte.

A la campagne on s'astreint moins aux usages des villes ; ici, la plupart des femmes ne sont pas voilées : leurs traits sont généralement réguliers, mais beaucoup rembrunis par le hâle ; leur taille est bien prise, et leur démarche aisée. Celles qui sont mères ont toutes la gorge longue, flasque et pendante au point que l'enfant pourrait teter derrière l'épaule. On tient qu'elles s'en honorent, parce que c'est un signe de maternité : je puis assurer que ce n'en est pas un d'agrément ; et nos Françaises, sur cet article, comme sur tant d'autres, entendent bien mieux leurs intérêts. Les hommes sont également bien faits ; ils ont la démarche assurée, mais moins fière qu'à Alexandrie, et le peuple est beaucoup plus affable. On m'a raconté le trait d'une jeune fille qui a su tirer un parti avantageux de ses charmes. Elle s'est formé une dot considérable des riches offrandes de nos Français, et elle a été ensuite s'établir dans un village éloigné où elle vit très-retirée, tranquille et heureuse.

Après avoir éprouvé bien des difficultés pour avoir une barque, je suis parti de Rahhmanyéh, le 30 vendémiaire. Au commencement des préparatifs, un patron de djerme a traversé le convoi à la voile, et s'est échappé, malgré les coups de fusil dirigés sur lui. Ces convois sont des espèces de caravanes pour la protection réciproque des voyageurs et des effets ; mais à peine est-on en marche que c'est à qui arrivera le premier, et avant la fin de la journée, il se trouva des barques éloignées du convoi, de plus de deux lieues. Nous avions le Delta à gauche; à notre droite, le grand désert qui avançait quelquefois jusques sur les rives du fleuve : nous y avons apperçu quelques Arabes à cheval. Les villages que nous avons rencontrés sur les bords du Nil m'ont paru encore plus chétifs que Rahhmanyéh : que doivent donc être ceux de l'intérieur des terres ?

Le Delta, le pays du monde peut-être le plus productif, est continuellement dans une belle végétation, parce que son terrein, plus bas que tout le reste de l'Egypte, est susceptible d'un système d'irrigation et plus facile et plus complet, mais le pays n'est pas assez boisé, et son aspect est d'une monotonie fatigante : il est vrai de dire aussi qu'entre des mains plus habiles et plus actives, de belles plantations en tout genre apporteraient plus de variété dans cette riche plaine.

A peine fut-il nuit, que nos marins se refusèrent à passer outre, sous prétexte qu'il n'y avait pas assez d'eau : j'eus beau leur représenter qu'il n'y en aurait pas davantage le lendemain, puisque le Nil décroissait chaque jour, ils abordèrent terre auprès de quatre ou cinq barques remplies de gens qui paraissaient se cacher, et qui leur avaient parlé. De tout le convoi, il n'y avait plus qu'une autre djerme avec nous : l'une et l'autre étaient chargées d'effet d'artillerie et de quelques caisses remplies de caractères de l'imprimerie nationale, caisses extrêmement pesantes en raison de leur petitesse ; je ne sais si elles furent un objet de convoitise pour nos conducteurs qui pouvaient croire que c'était de l'argent. Pendant la journée, ils avaient souvent parlé des Français et des Mamlouks; je leur avais même entendu dire qu'ils étaient les uns et les autres à Boulac, gros faubourg du Kaire, situé sur le Nil, à une petite demi-lieue de la ville; mais je n'avais nulle idée de ce qui s'y passait, et je ne comprenais pas encore assez l'arabe pour suivre le sens de leurs discours. Je pris donc cela pour une plaisanterie, et j'étais bien loin de l'envisager sous les rapports de la guerre : cette dernière manœuvre me fit enfin naître des soupçons. Nous n'étions que quatre Français sur la djerme que je montais, deux militaires, un jeune homme du civil et moi; il y en avait sept sur l'autre, six militaires et un capitaine. Je criai au capitaine qu'il n'était pas prudent de rester là; mais en vain voulut-il engager les marins à regagner la hauteur du Nil; il fut obligé de faire mettre sa petite troupe sous les armes, pour se faire obéir: ce mouvement simultanée fut un coup de foudre pour eux; ils reprirent précipitamment le large; et c'est alors qu'ils lui avouèrent qu'il y avait des troubles dans la capitale, et que ceux qui étaient dans ces barques étaient de mauvaises gens qui les avaient sollicités de venir auprès d'eux. Effectivement, ils s'étaient parlé, comme j'ai déjà dit, et quelques-uns de ces hommes s'étaient ensuite réunis à nos marins pour nous rassurer et nous engager à rester. Peut-être attendaient-ils des nouvelles favorables de la ville, avant de se décider à nous faire un mauvais parti.

Lorsque le commandant eut appris ce qui se passait au Kaire, il nous fit appeler pour tenir conseil sur notre situation présente. Tout le monde fut d'avis de retourner à Rahhmanyéh; je m'y opposai fortement. Je représentai que ce serait aux yeux des habitans une marque de crainte, et sans doute le signal de la défaite de nos compatriotes, et qu'alors notre perte était certaine; que nous devions être aussi près du Kaire que de Rahhmanyéh, puisque nous voyions du côté de la capitale des éclairs qui ne pouvaient être que le feu des batteries, dans un pays où le tonnerre est presque inconnu, et où aucun nuage ne pouvait le faire soupçonner; que si les Français étaient vainqueurs, on n'oserait pas nous attaquer ; que, dans le cas contraire, ils se retireraient en bon ordre, et qu'avec une bonne contenance nous pourrions nous rallier à eux ; qu'enfin, nous avions bien moins de chances dangereuses à courir en remontant le Nil. Il fut donc résolu de continuer la route.

Quelques minutes après, deux de ces djermes que nous venions de quitter, cinglèrent vers nous à toutes voiles, heurtèrent la nôtre, et nous tournèrent deux fois, mais sans faire aucune tentative : c'était le loup guettant sa proie. Elles nous dépassèrent ensuite et disparurent. Le commandant nous appela de nouveau ; c'était pour nous proposer d'amarrer notre barque à la sienne, et de rester avec lui, afin qu'il y eût plus d'ensemble dans la résistance, au cas que nous fussions attaqués. Je ne désapprouvai point son dessein, et d'ailleurs les trois autres voulaient absolument demeurer ; mais craignant que les marins ne coupent le cable, et ne s'enfuient avec mes effets et ceux du gouvernement, je me décidai à retourner sur ma djerme où je passai le reste de la nuit, mes pistolets à la main, et sans perdre de vue

mes deux conducteurs. Un peu avant l'aube
du jour, nous cotoyâmes un village où mouil-
laient quantité de barques. Nos marins par-
lèrent à quelques patrons, et je compris à
leurs discours que les Français avaient rem-
porté la victoire, et que les Grecs s'étaient
rangés de leur côté : j'en donnai aussitôt la
nouvelle à mes compagnons de voyage, et
je me livrai un moment au sommeil. Nous
arrivâmes bientôt à la hauteur du Delta,
qu'on appelle le *Ventre de la vache*, lieu où
le Nil se sépare en deux branches principales dont l'une, celle que nous venions de re-
monter, conduit à Rosette ; et l'autre, à Damiette. C'est là que le Nil se montre dans
toute sa majesté ; il a près d'une lieue d'é-
tendue. Le soleil dorait alors le sommet des
fameuses pyramides de Gyzéh, qui se dessi-
naient dans le lointain, et ce spectacle porta
dans mon ame une émotion qui me plongea
dans la nuit des temps.

Le vent du nord soufflait avec force : nous
arrivâmes au port de Boulaq, entre huit et
neuf heures du matin, le premier brumaire.
Nous apprîmes alors la révolte du Kaire, le
massacre de plusieurs Français, et le bom-

bardement, pendant la nuit, de la mosquée des Fleurs où les rebelles s'étaient retirés. Ils venaient de se rendre, et tout commençait déjà à rentrer dans l'ordre. On nous fit partir un instant après pour Gyzéh ; nous y arrivâmes au bout de deux heures.

Cette petite ville est en face du vieux Kaire et de l'île de Raoudah ; elle est enceinte de murs. Les Français en ont fait un dépôt ; nous y avons notre parc d'artillerie et toutes nos munitions de guerre. J'en partis, le 3, pour me rendre à la capitale. Débarqué au vieux Kaire, je pris un âne, car ces messieurs jouent ici un grand rôle, et je me rendis en poste au Kaire qui n'est guère qu'à une demi-lieue plus loin.

La ville jouit maintenant de la plus parfaite tranquilité ; cependant, nous sommes toujours sur le *qui vive*, et le général en chef s'occupe de la recherche des coupables. Il a imposé une contribution extraordinaire sur les habitans ; elle sera d'un grand secours pour payer l'arriéré. Comme je n'ai point été témoin oculaire de ce mouvement séditieux, je vais transcrire ici le rapport du général au Directoire exécutif.

Le

» Le 30 vendémiaire, à la pointe du jour,
» il se manifesta quelques rassemblemens
» dans la ville du Kaire.

» A sept heures du matin, une populace
» nombreuse s'assembla à la porte du cady,
» Ibrahym-Effendy, homme respectable par
» son caractère et ses mœurs. Une députation
» de vingt personnes des plus marquantes
» se rendit chez lui, et l'obligea à monter à
» cheval, pour tous ensemble se rendre
» chez moi. On partait, lorsqu'un homme de
» bon sens observa au cady, que le rassem-
» blement était trop nombreux et trop mal
» composé pour des hommes qui ne vou-
» laient que présenter une pétition. Il fut
» frappé de l'observation, descendit de che-
» val, et rentra chez lui. La populace, mé-
» contente, tomba sur lui et sur ses gens à
» coup de pierre et de bâton, et ne manqua
» pas cette occasion pour piller sa maison.

» Le général Dupuy, commandant de la
» place, arriva sur ces entrefaites. Toutes
» les rues étaient obstruées.

» Un chef de bataillon turk, attaché à la
» police, qui venait deux cens pas derrière,
» voyant le tumulte, et l'impossibilité de

E

» le faire cesser par la douceur, tira un coup
» de tromblon. La populace devint furieuse;
» le général Dupuy la chargea avec son es-
» corte, culbuta tout ce qui était devant
» lui, s'ouvrit un passage. Il reçut sous l'ais-
» selle un coup de lance qui lui coupa l'ar-
» tère ; il ne vécut que huit minutes.

» Le général Bon prit le commandement :
» les coups de canon d'alarme furent tirés; la
» fusillade s'engagea dans toutes les rues ; la
» populace se mit à piller les maisons des
» riches. Sur le soir toute la ville se trouva à
» peu près tranquille, hormis le quartier de
» la grande mosquée, où se tenait le con-
» seil des révoltés qui en avaient barricadé
» les avenues.

» A minuit, le général Dommartin se ren
» dit, avec quatre bouches à feu, sur u
» hauteur entre la citadelle et la Coubbéh
» qui domine à cent cinquante toises de l
» grande mosquée. Les Arabes et les pay
» marchaient pour secourir les révoltés ;
» général Lasne fit attaquer par le général
» Vaux quatre à cinq mille paysans qui se
» sauvèrent plus vite qu'il n'aurait voulu;
» beaucoup se noyèrent dans l'inondation.

» A huit heures du matin, j'envoyai le
» général Dumas avec de la cavalerie battre
» la plaine : il chassa les Arabes au delà de
» la Coubbéh.

» A deux heures après midi, tout était
» tranquille hors des murs de la ville. Le di-
» van, les principaux cheykhs, les docteurs
» de la loi s'étant présentés aux barricades
» du quartier de la grande mosquée, les ré-
» voltés leur en refusèrent l'entrée; on les
» accueillit à coup de fusil. Je leur fis ré-
» pondre à quatre heures par les batteries
» de mortiers de la citadelle, et les batte-
» ries d'obusiers du général Dommartin; en
» moins de vingt minutes de bombardement,
» les barricades furent levées, le quartier
» évacué, la mosquée entre les mains de
» nos troupes, et la tranquillité fut parfai-
» tement rétablie.

» On évalue la perte des révoltés de deux
» mille à deux mille cinq cens hommes ; la
» nôtre se monte à seize hommes tués en
» combattant, un convoi de vingt-un ma-
» lades revenant de l'armée, égorgés dans
» une rue, et à vingt hommes de différens
» corps et de différens états.

» L'armée sent vivement la perte du gé-
» néral Dupuy que les hasards de la guerre
» avaient respecté dans cent occasions.

» Mon aide-de-camp Sulkowski allant, à
» la pointe du jour, le premier brumaire,
» reconnaître les mouvemens qui se manifes-
» taient hors la ville, a été, à son retour,
» attaqué par toute la populace d'un fau-
» bourg : son cheval ayant glissé, il a été
» assommé. Les blessures qu'il avait reçues
» au combat da Salléhhyéh n'étaient pas en-
» core cicatrisées. C'était un officier des plus
» grandes espérances. »

On continue de faire des poursuites contre les principaux instigateurs de la révolte. Plusieurs cheykhs, mécontens du nouvel ordre de choses, ou fâchés de n'avoir pas été promus, comme leurs confrères, aux emplois publics, et excités par les beys, ont été convaincus d'avoir fomenté cette conspiration : ils ont eu la tête tranchée.

Les principaux cheykhs du Kaire ont fait une proclamation au peuple d'Egypte, pour l'inviter à la tranquillité, et à se tenir en garde contre les insinuations perfides d'Ibrahym et Mourad. - Les Français, disent-ils,

sont les seuls vrais amis des Musulmans;
ils n'aiment pas les Russes, parce que ces
idolâtres méditent la prise de Constantinople, et l'invasion des pays de l'islamisme.
Ne cherchez donc pas à nuire aux Français,
car une telle conduite attirerait sur vous les
malheurs, la mort et la destruction; et sou-
venez-vous que le plus religieux des prophètes a dit : *La sédition est endormie, mau-
dit soit celui qui l'éveillera !*

Voici la lettre qu'ils avaient écrite au
prince de la Mekke, après l'entrée de Bonaparte au Kaire.

« Après avoir adressé au ciel les vœux
» ardens que nous ne cessons de lui faire
» pour la conservation des jours précieux
» de notre seigneur le prince des fidèles,
» l'ornement du bandeau royal de la posté-
» rité du Hhakym, le fleuron de la couronne
» de la race prophétique, le schéryf Ghalyb,
» sultan de la Mekke : veuille le Tout-Puis-
» sant l'élever au plus haut degré de gloire,
» le combler de ses plus insignes faveurs,
» lui accorder une protection spéciale, et le
» préserver de tout contre-temps fâcheux
» qu'amène la révolution des jours et des

» nuits, en considération des mérites de son
» glorieux aïeul, le plus puissant des in-
» tercesseurs.

» Nous avons l'honneur d'informer notre
» seigneur dont le génie actif ne cesse ja-
» mais de veiller aux intérêts de la religion
» et des fidèles ; comme aussi nous avons
» l'honneur d'informer les Seyds descendus
» d'A'bd en-Naf, un des plus illustres aïeux
» de nos seigneurs les schéryfs, tous les doc-
» teurs de l'islamisme, habitans de la Mekke,
» les cadys, les imans prédicateurs, et gé-
» néralement tous les négocians et employés
» dans le gouvernement de la ville sainte ;
» que le 7 du mois de Ssafar, qui tombait
» un samedi, l'armée française s'est présen-
» tée sur les terres de Gyséh, sur la rive
» occidentale du Nil, et y a livré, le même
» jour, aux Mamlouks un combat qui a
» duré deux heures environ. L'issue de ce
» combat a été fatale aux Mamlouks qui
» ont été forcés de prendre la fuite, vers le
» coucher du soleil, après avoir laissé sur le
» champ de bataille un grand nombre de
» leurs combattans. Le lendemain au matin,
» une députation des docteurs de la loi, et

» des notables de la ville du Kaire, se trans-
» porta à Gyzéh, pour demander sauve-
» garde et protection en faveur des habitans,
» excepté les Mamlouks et leurs adhérens. Le
» général en chef leur accorda leur demande.
» Les mêmes députés demandèrent que le
» khoutbéh, c'est-à-dire les vœux que les
» prédicateurs des mosquées ont coutume de
» faire pour sa majesté impériale, le vendredi
» à la prière de midi, eussent lieu comme
» ci-devant. Le général en chef y souscrivit
» d'une manière authentique, et il ajouta
» qu'il était un des plus dévoués amis de
» l'empereur des Ottomans, qu'il chérissait
» ceux qui lui étaient attachés, et que tous
» ses ennemis étaient les siens propres.

» Et de suite il ordonna que les exercices
» religieux se fissent librement, comme à
» l'ordinaire, dans la ville du Kaire, et que
» la proclamation de la prière, la lecture du
» koran, l'ouverture des mosquées, et tout
» acte de piété reprissent leur cours. Il se
» plut encore à informer la députation qu'il
» était pénétré de la vérité incontestable
» qu'il n'y a d'autre Dieu que Dieu, que les
» Français, en général, étaient remplis de

» vénération pour notre prophète et le livre
» de la sainte loi , et que beaucoup d'entre
» eux étaient même convaincus de la supé-
» riorité de l'islamisme sur toutes les autres
» religions ; et, en preuve, le général cita la
» délivrance de tous les musulmans qu'il
» trouva esclaves à Malte , lorsqu'il eut le
» bonheur de s'en emparer , la destruction
» des églises chrétiennes et des croix dans
» les états qu'il a conquis, et particulière-
» ment dans la ville de Venise où il a fait
» cesser les vexations qu'on faisait aux
» musulmans , le renversement du trône
» du pape qui légitimait le massacre des fi-
» dèles, et dont le siège était à Rome (1). Cet
» ennemi éternel de l'islamisme qui faisait
» croire aux chrétiens que c'était une œuvre
» méritoire aux yeux de Dieu, que de verser
» le sang des vrais croyans , n'existe plus
» pour le repos des fidèles sur lesquels le
» Tout - Puissant veille avec bonté.

----

(1) Personne n'a montré plus d'égards que Bonaparte
envers le chef et les ministres de la religion chrétienne ;
mais dans la position où se trouvait l'armée d'Égypte,
il n'était pas indifférent qu'un peuple fanatique pensât
ou le contraire.

» Lorsque les pélerins de la Mekke s'ap-
» prochèrent du Kaire, le général de l'ar-
» mée française se transporta lui-même dans
» la province de la Charkyéh, sur les nou-
» velles qui parvinrent que les Arabes vo-
» leurs et assassins les avaient dispersés et
» dépouillés. Les troupes françaises recueilli-
» rent tous ceux qui avaient échappé à la
» déprédation et à la mort, leur procurèrent
» des montures, et donnèrent à manger et
» à boire à ceux qui avaient faim et soif.

» Le général, plusieurs jours avant de
» partir pour la Charkyéh, avait écrit à la
» caravane des pélerins, pour l'inviter à se
» rendre en droiture au Kaire où il leur se-
» rait fait l'accueil le plus gracieux. Malheu-
» reusement ses lettres ne parvinrent point;
» et elle a subi ce que le destin avait ordonné
» d'elle.

» L'ouverture du canal de la ville du
» Kaire s'est faite cette année avec plus de
» pompe que de coutume, dans la vue sans
» doute de complaire aux fidèles, et de dis-
» siper leurs inquiétudes et leurs soucis. Le
» général a distribué des sommes considé-
» rables en aumônes aux pauvres, et il a

» donné un festin aux notables. De même
» aussi, le jour de la naissance du prince des
» prophètes, il a dépensé beaucoup d'argent
» pour la fête qui a eu lieu , et qui a été des
» plus brillantes , à la satisfaction des vrais
» croyans. *Nous sommes à Dieu et nous re-*
» *tournons à lui.* Nous devons sur - tout ne
» pas vous laisser ignorer que le général a
» témoigné le plus grand desir pour la nomi-
» nation d'un Emir hhadjy , et pour toutes
» les dispositions qui doivent précéder l'ex-
» pédition de la caravanne des pélerins.
» Nous avons été d'avis , ainsi que lui , de
» donner cette honorable commission au très-
» distingué l'émir Moustaffa agha , kyaya
» de son excellence Abou Bekir , pacha ,
» gouverneur du Kaire; et ce choix nous a
» paru devoir être agréable à la sublime
» Porte , en ce qu'il assure ses droits sur
» un des points qui lui tiennent le plus à
» cœur. Aussi, cette disposition a-t-elle ré-
» pandu la joie et la sécurité chez tous les
» musulmans.

» Le général de l'armée française montre
» le plus grand zèle pour les intérêts des
» deux sanctuaires, et il s'occupe avec assi-

» duité de tout ce qu'il y a à faire pour l'ex-
» pédition de la caravane des pélerins. C'est
» ce qu'il nous a recommandé de vous faire
» savoir, comme témoins oculaires des soins
» qu'il prend pour cet objet important, afin
» que de votre côté vous fassiez ce qui vous
» paraîtra convenable.

» Salut et mille fois salut de paix sur cet
» envoyé glorieux qui est venu annoncer
» la vérité aux hommes, et qui a été doué
» de toutes les perfections et de toutes les
» vertus. Salut aussi sur son illustre famille,
» et sur les vénérables compagnons de sa
» mission divine.

» Fait au Kaire, le 20 de la lune de Raby
» el-Aouel, l'an de l'hégyre 1213. »

Depuis long-temps je couchais sur la
dure ; arrivé au lieu de ma résidence, mon
premier soin fut de me meubler. Qui croirait
que j'ai eu de la peine à m'habituer de nouveau aux matelats. Plus d'une fois, dans les
premières nuits, j'ai quitté le lit, pour chercher le sommeil sur ma natte.

Le Kaire, d'après les observations du cit.
Nouet, est au 28.e degré 48 minutes de longitude, et à 30 degrés 3 minutes 20 secondes

de latitude. On élève sa population à plus de trois cens mille ames, et l'on estime que son étendue a les deux cinquièmes de Paris: si l'on y ajoute le vieux Kaire, Gyzéh et Boulac qui en sont peu distans, et que l'on considère comme en étant les faubourgs, il est peut-être aussi considérable ; mais les maisons y sont beaucoup moins hautes. Cette ville fut bâtie en 350 de l'hégyre, 970 de l'ère chrétienne, par Ebn el-Manssour; le premier des calyfes fatimites qui régna en Egypte, et fut nommée *el - Cahira*, la Victorieuse.

La distribution des appartemens et des étages n'a, comme toutes les autres villes de l'Egypte, ni ordre ni proportion; à côté d'une haute et vaste pièce, on voit souvent de petites et basses chambres ou cellules qu'habitaient sans doute les esclaves ou autres personnes attachées à la maison, et ces cellules ne sont pas toujours au même niveau. Les appartemens de maître sont grands et élevés, et les croisées sont souvent de la largeur et de la hauteur de la pièce : elles avancent quelquefois en forme de balcon, et sont toutes fermées par un treillage en bois artistement travaillé, et où l'on a pratiqué de petites fenêtres à coulisse ou à battant. Derrière ce treillage à l'intérieur, il y a quelquefois des vitres, mais toujours à coulisse, comme on en voit dans plusieurs maisons de Paris. On n'emploie point le mastic pour assujétir les carreaux; ils sont enchâssés dans la rainure du bois et assez mal-proprement. On ne se sert pas non plus de diamant pour couper le verre; c'est avec une pierre du désert; aussi l'ouvrier réussit-il très-mal, et le cadre n'est pas toujours rempli; mais il n'y regarde pas de si près, et s'il manque même un trop grand morceau à quelque angle, il y ajoute une petite pièce par dessus, qu'on a soin de remettre quand elle tombe. On trouve dans presque toutes les maisons un puits, un bain, un moulin, une cour et plusieurs écuries. Il y a des roues à bras, mais c'est ordinairement un vieux cheval ou un bœuf qui fait tourner la meule du moulin, et la roue du puits. Celle-ci est presque à la hauteur de la maison. Une double corde de bois de dattier, garnie de petits pots de terre attachés de

distance en distance, en forme de chapelet,
est annexée à la roue perpendiculaire au
puits, et mue par la roue horisontale que
l'animal fait tourner. Les pots montent et
descendent successivement, et dans leur in-
clinaison versent l'eau dans une espèce de
baquet en pierre, qui aboutit à un réservoir
d'où elle est répartie dans différens plombs,
pour les usages ou les agrémens de la maison. Il y a presque toujours un jet d'eau dans
la principale pièce avec un beau bassin pavé
en mosaïque; le blanc, le bleu et le rouge
en font ordinairement les frais. Autour du
bassin, mais toujours dans l'eau, sont pra-
tiqués des sièges en demi-lune où l'on peut
se laver fort à son aise et en compagnie.
Le bassin, d'abord rond, est terminé par un
carré plus large et plus élevé. La partie de
l'appartement qui fait face à l'entrée, et où
se trouve le bassin, quand il y en a, est
toujours plus basse de cinq à six pouces:
c'est là qu'on laisse ses sandales. Le pavé de
la partie supérieure qui se présente à gauche
et à droite du jet d'eau, seulement à gauche
quand il n'y en a pas, est moins soigné, mais

il est ordinairement couvert d'un tapis ou d'une natte tissue de joncs assez bien travaillés et très-frais (1). Autour de l'appartement , et sur-tout auprès des croisées, se trouvent les divans, lieux de repos bien nécessaires dans ces climats brûlans, et bien commodes dans un tête à tête, sièges d'amour où tout invite à la mollesse et à la volupté. Des matelats bien garnis de coton, avec un léger tapis par dessus, et des carreaux également garnis pour s'appuyer, suffisent à la composition du divan dont l'élévation et les compartimens dépendent du goût et des localités. C'est là que l'Egyptien passe les trois quarts de sa journée à fumer gravement sa pipe, et à prendre du café. Il reçoit ses égaux à côté de lui ; ses inférieurs restent plus bas, souvent à genoux et accroupis sur leurs talons.

Les femmes sont logées dans les appartemens de l'intérieur. Celles des musulmans riches ont ordinairement chacune une maison montée.

---

(1) Les nattes de Menouf sont les plus estimées; elles sont tissues de différentes couleurs, et elles présentent quelques dessins.

Les Égyptiens n'ont point de couchette pour dormir la nuit; ils étendent simplement un matelat de coton au milieu de la chambre, attachent une mousquetière aux quatre coins, et se couchent ainsi : le lendemain on enlève le tout. Ils ne font point usage de draps; la couverture est doublée d'une toile de coton qui en tient lieu : lorsqu'elle est trop sale, on la découd pour la laver. Le peuple y regarde encore de moins près; il couche tout bonnement par terre ou sur une petite natte grossière : les habits servent de couverture et de matelat, une pierre tient lieu de traversin.

Il y a au dernier étage une pièce que l'on doit plutôt considérer comme un ombrage : elle est ouverte par le haut; un plan incliné au midi garantit de l'ardeur du soleil, et laisse une libre entrée au vent du nord. Quand il souffle, cet appartement est très-frais : on donne à cette pièce le nom de *mandar*. Comme toutes les maisons se terminent en terrasse, on y monte le soir, pour respirer l'air; mais il est dangereux de prolonger sa promenade trop avant dans la nuit, à cause du serein qui est très-nuisible aux yeux.

On pourrait soupçonner que les latrines sont

sont ici considérées non seulement comme des lieux d'aisance, mais encore d'agrément : chaque appartement a les siennes ; et l'on en trouve encore dans les cours pour les domestiques. Il y a lieu de croire cependant qu'on a eu principalement pour but d'éviter toute communication entre les deux sexes. L'ouverture n'est point comme nos lunettes ; sur trois pouces de largeur, elle en peut avoir dix-huit de longueur. L'emplacement n'est guère élevé que de deux à trois pouces : de sorte qu'on ne s'assied point, et qu'on est là comme aux champs ; ce qui n'est pas sans avantage pour la propreté.

Au reste, les maisons ici sont presque toutes mal tenues et très-sales ; il en est qui sont dans un délabrement pitoyable. On voit dans les quartiers situés aux extrémités de la ville, des huttes très-basses, presque sans jour, dégoûtantes d'ordures, et extérieurement emplâtrées d'un fumier qu'on prépare avec un peu de paille, et qu'on applique au mur pour faire sécher. Ce fumier remplace le bois dans le chauffage.

Il faut, d'ailleurs, beaucoup de soins pour tenir propres les meubles d'une maison. Il

pénètre continuellement dans les appartemens les mieux fermés, sur-tout pendant les
gros vents, une poussière fine et subtile au
point que les Egyptiens disent figurément
qu'elle entrerait dans la coquille d'un œuf.

Les rues du Kaire sont étroites, tortueuses
et sans pavé; elles sont extrêmement mal-
propres, et l'on y sent ce qu'on appelle une
odeur de graillon. Les Français les font ar-
roser pour raison de salubrité; mais elles deviennent alors boueuses, et l'on risque de
glisser à chaque instant.

Par un arrêté en date du 3 fructidor an 6,
Bonaparte avait ordonné l'établissement d'un
Institut des sciences et arts au Kaire. Cet Institut doit principalement s'occuper du progrès et de la propagation des lumières en
Egypte, ainsi que de l'étude et de la publi-
cation des faits naturels, industriels et historiques de ce pays. Il est divisé en quatre
sections, mathématique, physique, économie politique, littérature et beaux arts; et
chaque section sera composée de douze membres. Ce corps doit s'assembler tous les pri-
medi et sextidi de chaque décade. Sa première séance a eu lieu le 6 fructidor : le cit.

Monge a été nommé président, et le général en chef, vice - président pour le premier trimestre ; le cit. Fourier est nommé secrétaire perpétuel.

On rédige ici deux feuilles périodiques , la *Décade Egyptienne* et le *Courier d'Egypte*. La première est exclusivement affectée aux sciences et arts. La rédaction de ces deux feuilles ayant été confiée dans la suite à la même personne, il en résulte un inconvénient bien grave selon moi ; c'est que les réputations littéraires sont absolument entre ses mains.

J'ai eu occasion de voir le général en chef, les premiers jours de mon arrivée. Il est impossible de rencontrer un homme plus affable , malgré les occupations sérieuses qu'exige sa situation présente. Son air et ses manières mettent à l'aise comme auprès d'un ami , et ses yeux semblent vous dire : *avez-vous encore quelque chose à me communiquer?* Aussi est-il adoré des gens du pays. Les Arabes du Mont-Sinaï, qu'il admit à son audience , disaient de lui , qu'il avait *le bras fort et les paroles de sucre.*

Ces Arabes sont dans l'usage d'approvi-

sionner la ville du Kaire en charbon : ils
avaient cessé leur commerce à notre arrivée;
mais ayant appris qu'ils trouveraient sûreté
et protection, il se sont déterminés à le re-
prendre. Lorsque la caravane a été aux portes de la ville, ils ont envoyé une députation
au général en chef, pour lui demander la
permission de vendre leurs marchandises ;
ce qui leur a été accordé. La demande, suivant l'usage des Orientaux, était accompagnée d'un présent qui consistait en fruits du
crû de leur pays. Les raisins étaient d'un excellent acabit ; mais les poires et les pommes
n'avaient du prix que par leur rareté, car il
il n'en croît ici d'aucune espèce. Cette caravane, partie marchande, partie militaire,
a campé hors du Kaire dans une position désavantageuse par sa distance de l'eau et des
quartiers commerçans. Le général leur a fait
proposer de s'établir près de Boulac; mais
ils ont répondu que ce n'était pas leur usage.
Ces Arabes sont vêtus de la même manière
que ceux qui habitent les déserts d'Alexandrie, et leur ressemblance est la même : en
général, les tribus arabes, disséminées dans
les déserts et à des distances souvent très-

considérables, ont conservé les traits caractéristiques de leur origine commune. Leur vêtement est une espèce de chemise d'étoffe grossière qui leur descend jusqu'aux genoux, et qu'ils serrent au dessus des hanches avec une corde, un haillon ou une mauvaise ceinture de cuir : la façon en est très-simple; ce sont des bandes grossièrement cousues les unes aux autres. Les plus aisés ajoutent par dessus une pièce qui leur tient lieu de manteau, en passant plusieurs fois d'une épaule à la hanche opposée : ce manteau est souvent l'unique couverture des Arabes d'Egypte. Ils ont aussi une espèce de capuchon qu'ils appellent *bernous*.

On a dit que ces Arabes avaient beaucoup admiré les montres et sur-tout une miniature que le chef ne cessait de regarder en s'écriant : *Ya Allah!* ô Dieu! Les montres ne doivent pas cependant leur être absolument inconnues, puisqu'on en fait usage dans l'Orient ; mais ces gens là connaissent la flatterie, comme les autres peuples. Quant à la miniature, leurs idées religieuses, autant que sa beauté, ont pu donner lieu à ces exclamations. Les musulmans pensent que c'est tenter Dieu que de faire une figure qu'on ne peut animer ; ils rapportent à l'idolâtrie les portraits et les statues : c'est cette opinion qui a fait mutiler tant de chefs-d'œuvre dans les provinces qu'ils ont envahies.

On vient d'établir au Kaire une maison et un jardin de réunion, à l'instar de ceux de Paris. L'endroit est assez vaste, bien garni d'orangers, citroniers et autres arbres odoriférans ; il est agréablement entretenu d'eau, au moyen de plusieurs puits à roue ; et l'on y a pratiqué des berceaux délicieux de verdure. Mais que sont ces lieux, quand ils ne sont point embellis par la présence du beau sexe! Des hommes, toujours des hommes ; à peine y rencontre-t-on cinq ou six femmes revêtues des grâces françaises. Le petit nombre des autres est assez richement mis, si l'on veut, et il n'y a pas de vivandière qui ne veuille faire la dame de haut parage ; mais leur tournure est si grotesque, leur parure si ridicule, que tous ces beaux ornemens y paraissent étrangers et placés en dépit du goût. Elles ne sont pas moins abondamment pourvues d'adorateurs, et l'on peut vraiment dire d'elles, comme de cette courtisanne grecque, *qu'il n'est pas permis à tout le monde d'aller à Corinthe*. C'est ici sur-tout que les Françaises sont souveraines, plus souveraines que le grand-seigneur dans son sérail, et leur suprématie est bien loin de leur être onéreuse. Quel contraste avec ces malheureuses femmes d'Egypte, renfermées dans leur harem, et attendant la volonté suprême de leur maître, pour se livrer au plaisir ! Aussi, la comparaison ne leur a pas échappé, et l'on en voit de temps à autre franchir les murs de leur prison.

On ne sera pas surpris des avantages de nos Françaises, quand on saura qu'on en compte à peine trois cens sur près de quarante mille hommes. A quelques exceptions près, elles sont passablement laides ; mais il suffit de porter une coiffe pour recevoir des hommages. Quelques Français ont épousé des femmes du pays, ou vivent avec elles ; mais, prenant goût, sur ce point, aux usages orientaux, ils ne les montrent point au public qui, autant que j'ai pu en juger, n'y perd pas beaucoup.

Ce qui a le plus surpris et scandalisé les Egyptiens, ç'a été de voir nos dames se promener dans les rues avec des hommes, et le visage découvert. On assure même qu'avant notre arrivée une femme qui se serait permis une telle conduite, eût été lapidée : mais ils s'habituent insensiblement à cet usage, et ils commencent à les regarder avec plaisir : on dit même, je ne garantis pourtant pas le fait, que quelques - unes de ces dames, soit curiosité, soit tout autre motif, rendent des visites officieuses à ces têtes pelées.

Le 20 frimaire, le citoyen Conté a fait l'expérience d'une Montgolfière aux trois couleurs, sur la place Ezbékyéh ; elle n'a point réussi. Quand les gens du pays ont vu tomber les débris du ballon et son réchaud, ils ont pensé que c'était une machine de guerre, destinée à brûler les villes de nos ennemis.

Le général en chef vient de prohiber aux habitans la fabrication et la vente de la poudre. Cette mesure tend à enlever aux Arabes des moyens d'approvisionnement pour l'exercice de leurs brigandages. Ces gens là n'ont ni foi, ni loi, avec tout ce qui n'est pas eux. Ils sont, il est vrai, les peuples les plus hospitaliers de la terre, et ils ont, une certaine générosité, dont s'honoreraient les nations les plus policées, à l'égard d'un étranger, d'un ennemi même qu'ils auraient pris sous leur protection ; mais hors de là, ce n'est qu'astuce et fourberie. Il est difficile de les punir d'une manière exemplaire, parce qu'ils s'enfoncent dans le désert : nos besoins sont si multipliés, et ces Arabes vivent de si peu, qu'il est impossible de les poursuivre long-temps dans cet océan de sable où le plus petit oiseau trouverait à peine sa subsistance journalière. Si, comme on le dit, la nourriture d'un habitant des villages peut suffire à cinq Arabes, assurément celle d'un Français suffirait à dix.

Ils font peu de pain, et quel pain ! La farine est grossièrement extraite d'un moulin à bras ; ils la broient avec un peu d'eau, et la font cuire ainsi sous la cendre. Ils mangent des dattes, boivent peu d'eau, du lait de chameau de préférence. Ils font rarement usage de la viande, et seulement dans les occasions extraordinaires. Lorsqu'ils reçoivent un personnage de marque, ils font rôtir un mouton qu'ils présentent tout entier à table : c'est le repas le plus splendide.

Leurs chevaux sont accoutumés à la même sobriété : ils ne boivent qu'une fois par jour ; ils ne connaissent pas le foin. Quand ils ne sont point en course, on les amuse le jour avec de la paille d'orge hachée ; mais leur nourriture habituelle consiste en cinq ou six livres d'orge qu'on leur donne le soir : de manière qu'un cavalier arabe, avec soixante livres d'orge, une outre d'eau, quelques dattes et un peu de farine, peut parcourir le désert pendant l'espace de dix jours ; ajoutez qu'il existe dans le désert quelques puits dont les Arabes connaissent seuls la position.

Les chevaux arabes, plus petits que ceux de France, ont de très-belles formes ; il y en a de tout poil, excepté le noir : on les distingue sur-tout par la sécheresse de leur jambes, et la petitesse du sabbot. Ceux qu'on soigne dans les villes ont une belle allure et de la grace ; mais ceux du désert ont l'air humble, et sont maigres : un cheval étoffé serait moins propre aux incursions.

Il y a parmi les chevaux arabes une race noble qu'on a bien soin de ne pas mésallier ; et cette noblesse se transmet par les femelles : celle du mâle n'est qu'individuelle. Quand une jument est en chaleur , on la fait couvrir par un étalon dont la famille est connue, et les chefs attestent la filiation du produit par une patente en bonne forme, et signée de plusieurs témoins : celle d'une pouline fait mention de tous les ascendans maternels.

On assure qu'il y a des chevaux de race noble qui se vendent jusqu'à dix mille francs. Les jumens sont encore plus chères ; mais le maître ne vend ordinairement que le ventre ; et dans tous les cas, il se réserve toujours la première portée.

Le cheval arabe a beaucoup de feu , mais il n'a pas la vigueur et la vitesse des nôtres. Dans une course de chevaux qui eut lieu au Kaire, à la fête du premier vendémiaire, un cheval français eut constamment l'avantage sur cinq autres qui étaient tous arabes. Il mit quatre minutes à parcourir une espace de 1350 toises ; le premier cheval arabe qui arriva au but, mit dix secondes de plus.

Les Arabes placent la selle sur le poulin à l'âge de quinze à seize mois et il ne la quitte plus, pas même la nuit. La forme des étriers est un carré long, un peu convexe, de la longueur d'un pied : ces étriers ne passent pas le ventre du cheval, ce qui l'empêche de se coucher sur le flanc. Un bridon attaché d'assez près au pommeau de la selle, pour conserver au cheval la tête haute, le tient encore dans une autre gêne. L'allure est le pas ou le galop.

Comme les Arabes ne combattent qu'en attaquant et fuyant tour à tour, ils accoutument leurs chevaux à courir à toutes jambes, et à s'arrêter court, pour qu'ils puissent se retourner de suite, et présenter la lance à l'ennemi. Cette méthode qui est générale en Egypte, abîme la bouche et les jarrets du cheval. La lance des Arabes a bien une douzaine de pieds de longueur ; ils la tiennent à un tiers du fer, et la poussent en la laissant glisser dans leur main sans s'en dessaisir : leurs armes à feu sont mauvaises et mal entretenues : leurs munitions sont dans le même état. Ils ne font jamais la guerre en bataille rangée ; et prennent cette tactique pour une marque de poltronerie.

Il n'est pas besoin de dire que les Arabes sont ignorans, crédules et superstitieux ; ils ont cela de commun avec les Orientaux. Le

traitement des maladies consiste ordinairement à placer sous la tête du malade quelque amulette ou un billet contenant des paroles mystiques qu'aura écrites un derwich,
et le malade repose tranquillement là dessus.
Ces bonnes gens s'inquièteraient fort peu de
la mesure du temps, s'ils n'avaient des heures
marquées pour la prière; et ils ont recours
à leur ombre, pour connaître les époques du
jour consacrées aux exercices religieux. Ils
n'ont point de registres publics pour les
morts et les naissances; l'âge de leurs enfans
se rapporte seulement à certaines époques:
ainsi, ils ont moins d'exactitude à cet égard,
que pour leurs chevaux. Les peuples d'E-
gypte, et généralement tous les Africains,
se trouvent dans le même cas.

On dit que les femmes arabes sont ordinairement plus belles que les Egyptiennes.
Elles se couvrent par respect devant les
étrangers. On rapporte aussi que dans la
surprise d'un camp arabe par les Français,
les femmes s'étaient barbouillé le visage
avec de la bouse de vache, pour inspirer du
dégoût au vainqueur. A ce prix là, l'honneur
d'une jolie Française lui eût coûté bien cher.

La fortune des Arabes consiste en chameaux et menus troupeaux; mais il y en a
qui s'étant fixés dans le pays cultivé, se
sont bâti des demeures, comme les fellahhs
d'Egypte; et ceux-ci ont du gros bétail. Les
premiers qui se nomment bédouins, de *be-
daouy*, habitans du désert, ont du mépris pour
eux, et les regardent comme des esclaves.

La loi du talion est aussi en vigueur parmi
les Arabes: elle remplace l'action de la force
publique chez un peuple où il n'y a pas de
lois répressives; et ce qui serait un crime
à nos yeux, n'est pour lui qu'une vengeance
légitime. Les meurtres sont des semences de
discorde souvent éternelle de tribu à tribu,
et l'on dit alors qu'il y a du sang entr'elles:
quelquefois, pour faire la paix, on rachète
le sang. Lorsque les combattans sont aux
prises, les filles jouent du tambourin, et les
animent par des chansons guerrières. Les
blessés sont accueillis et soignés par leurs
épouses ou leurs maîtresses. Un combat où
il périt une vingtaine d'hommes passe pour
une bataille sanglante: c'est en effet beaucoup, car les plus fortes tribus n'ont guère
au delà de mille combattans.

Il n'y a point de pacte qui lie les membres d'une tribu au chef : celui-ci a presque toujours une origine ancienne, et l'on se plaît à le reconnaître ; mais il a besoin de beaucoup de courage et d'habileté pour se maintenir à la tête de la tribu : le chef a le droit de guerre et de paix.

Lorsqu'on fait la paix avec une tribu, on revêt le chef d'un schall ou d'une pelisse : dans ces sortes d'occasions l'usage des présens est répandu chez presque tous les peuples, mais sur-tout parmi les Orientaux qui croiraient l'accord mal cimenté, s'il n'était accompagné de ces sortes de politesses.

Ces jours derniers, les *Billys*, peuples arabes stationnés sur la route du Kaire à Belbeys, sont venus demander la paix. Tant que les eaux de l'inondation les ont mis à couvert de nos armes, ils n'ont cessé d'attaquer ou d'insulter nos convois; à présent que la retraite des eaux leur ôte tout espoir d'impunité, ils viennent se soumettre. Le général ayant reproché au cheykh les violences commises par sa tribu, et lui ayant fait sentir que l'existence des Billys dépendait absolument des Français, ce chef a répondu

qu'effectivement c'était un effet de la clémence du général, si les Billys existaient encore ; mais qu'ils s'en remettaient à sa générosité, et le priaient de ne pas juger toute
la tribu d'après la conduite de quelques
mauvais sujets. La paix lui ayant été accordée, il a quitté le ton négociateur, pour
prendre celui de la conversation amicale. In-
vité à dîner, avant de se mettre à table, il
a rompu un morceau du pain destiné au général, et l'a mangé. Cet acte est, dit-on, re-
gardé par les Arabes, comme la sanction de la
paix, et le gage de la sincérité. Les Egyptiens
jurent souvent par le pain et par le sel. Ils ont
pour l'un et l'autre la plus grande vénération.

Les autres tribus arabes qui se trouvent
sur la même route, ont également obtenu
la paix, à condition que chacune d'elles serait responsable d'une partie du chemin.

Le 21 frimaire, le cheykh Ssadat, un des
principaux du Kaire, a donné à dîner au
général Bonaparte, à l'occasion de la fête
de Seydat-Zeynab, sainte femme de la famille d'A'ly, qu'on célébrait dans sa mosquée. C'est dans le mandar, cet appartement ouvert du côté du nord, que le général

et

et sa suite ont été reçus. Le dîner a été servi sur plusieurs plateaux de cuivre portatifs, autour desquels peuvent se ranger dix à douze personnes. La circonférence de ces plateaux était garnie du pain du pays, mou et mince comme une omelette, et de plusieurs plats de légumes froids qui y ont demeuré pendant tout le repas. Le centre de chaque plateau a été successivement occupé par une trentaine de plats servis à la suite les uns des autres avec assez de rapidité. Un plat de viande était relevé par un plat de légumes ou de pâtisserie ou de crême. On a ensuite servi du pilau, le mets par excellence du pays, assez connu et recherché des Provençaux : c'est une préparation compacte de ris avec du sucre et des aromates qui en relèvent le goût ; mais il n'est pas toujours aussi bien apprêté. On a ensuite présenté le sorbet, boisson assez agréable, préparée avec du sucre et des substances parfumées.

Les Egyptiens n'ont point de chaise ; ils s'asseyent par terre, les jambes croisées à la manière de nos tailleurs d'habits ; la table est au même niveau. Ils ne se servent ni de fourchettes, ni de cuillers ; ils font rarement usage du couteau : ils dépècent avec les mains, et mangent dans le même plat ; et quand c'est un peu liquide, chacun sauce avec son pain Le maître de la maison présentera volontiers à son hôte un morceau qu'il n'aura pas fini ; c'est un honneur qu'il lui fait. Tout le monde boit à même dans une bardaque qu'on se passe avec politesse.

Quoique ces gens-là se lavent les mains, avant et après le repas, ce qui n'arrive pourtant pas toujours parmi le peuple, et quoique cet usage soit plus près de la simple nature, je doute qu'il convienne à tous ses admirateurs; et c'est bien ici le cas de penser comme Voltaire.

Dans la conversation, le général en chef dit aux cheykhs, que les Arabes avaient cultivé les sciences du temps des calyfes, mais qu'ils étaient aujourd'hui dans une ignorance profonde, et qu'il ne leur restait rien des connaissances de leurs ancêtres. Le cheykh Ssadat répondit qu'il leur restait le koran, et que ce livre saint renfermait toutes les connaissances. -- Enseigne-t-il à fondre le canon, demanda le général ? -- Oui, répliquèrent avec assurance tous les cheykhs.

Cette double réponse donne bien la mesure de ce qu'ils sont, et de ce qu'ils peuvent être.

Tout le monde sait que l'astrologie est la science favorite des Egyptiens. La ville du Kaire sur-tout fourmille de devins, chrétiens, juifs et musulmans; et ce qu'il y a de plus admirable, c'est que toutes les sectes croient également à la révélation du personnage, quelle que soit sa religion. On a remarqué, et les politiques n'en ont pas été surpris, que depuis quelque temps toutes les prédictions étaient favorables aux Français; mais on cite particulièrement un devin dont le récit fait beaucoup de sensation : c'est un saint personnage musulman qu'une révélation a informé d'une conférence qui a eu lieu entre Mahomet et le Destin. Lorsque le prophète vit les Français s'approcher des côtes d'Egypte, il alla chez le Destin, et lui dit : *ô Destin, tu es ingrat ! je t'ai fait souverain arbitre du monde, et tu veux livrer aux Français la plus belle des contrées soumises à ma loi. Le Destin lui répondit : ô Mohomet ! le décret est porté, il faut qu'il s'accomplisse. Les Français ar-*

*riveront sur la terre d'Egypte, et en feront
la conquête ; je n'ai plus le pouvoir de l'empêcher : mais écoute et console-toi ; j'ai
décidé que ces conquérans se feront mahométans.* Le devin ajoute que le prophète,
pleinement rassuré par cette réponse, se retira très-satisfait.

A la révolte du 5o vendémiaire, Bonaparte avait dissous le divan d'Egypte,
composé des plus notables du pays ; il vient
de le réorganiser. La proclamation qu'il a
faite à ce sujet aux habitans du Kaire, mérite
d'être rapportée ; la voici :

« Des hommes pervers avaient égaré une
» partie d'entre vous ; ils ont péri. Dieu
» m'a ordonné d'être miséricordieux pour le
» peuple ; j'ai été clément et miséricordieux
» envers vous.

» J'ai été fâché contre vous de votre ré-
» volte, je vous ai privés pendant deux
» mois de votre divan; mais aujourd'hui je
» vous le restitue : votre conduite a effacé
» la tache de votre révolte.

» Scheryfs, u'lémas, orateurs des mos-
» quées, faites bien connaître au peuple
» que ceux qui de gaieté de cœur se décla-

« reraient mes ennemis, n'auront de refuge,
« ni dans ce monde ni dans l'autre. Y aurait-
« il un homme assez aveugle pour ne pas
« voir que le Destin lui-même dirige toutes
« mes opérations ? Y aurait-il quelqu'un
« assez incrédule pour révoquer en doute
« que tout dans ce vaste univers est soumis
« à l'empire du Destin ?

« Faites connaître au peuple que depuis
« que le monde est monde il était écrit
« qu'après avoir détruit les ennemis de
« l'islamisme, je viendrais du fond de l'Oc-
« cident remplir la tâche qui m'a été im-
« posée. Faites voir au peuple que dans le
« saint livre du koran, dans plus de vingt
« passages, ce qui arrive a été prévu, et ce
« qui arrivera est également expliqué.

« Que ceux donc que la crainte seule de
« nos armes empêche de nous maudire,
« changent; car, en faisant au ciel des vœux
« contre nous, ils sollicitent leur condam-
« nation : que les vrais croyans fassent des
« vœux pour la prospérité de nos armes.

« Je pourrais demander compte à chacun
« de vous des sentimens les plus secrets de
« son cœur ; car je sais tout, même ce que

G 3

» vous n'avez dit à personne : mais un jour
» viendra que tout le monde verra avec
» évidence que je suis conduit par des or-
» dres supérieurs , et que tous les efforts
» des humains ne peuvent rien contre moi.
» Heureux ceux qui de bonne foi sont les
» premiers à se mettre avec moi ! » (*Suit le
réglement.*)

On dit que depuis cette proclamation les
bons musulmans veillent autant sur leurs
pensées que sur leurs actions. Encore quelque
temps, et Bonaparte passera pour prophète.

Depuis notre arrivée au Kaire, on n'a
point cessé de travailler aux fortifications ;
et ce pays présente déjà une défense respectable.

« Un fort a été construit à l'île de Ma-
rabout , pour défendre le point où l'armée
française opéra son débarquement, le 13 messidor an 6. Les passes qui donnent l'entrée du
port vieux d'Alexandrie, son défendues par
des batteries de canon à boulets rouges , et
de mortiers à la gomère , qui portent leurs
bombes à plus de 1900 toises.

» Indépendamment des ouvrages qui pro-
tègent les deux ports d'Alexandrie , et en

défendent l'entrée, on a placé du côté de la terre plusieurs forts et batteries. On a construit en outre de ce côté une enceinte nouvelle qui remplacera d'une manière permanente les premiers ouvrages exécutés avec rapidité au moment de notre arrivée.

» Le château d'Abou-Kyr est garni de batteries qui ont déjà repoussé les chaloupes anglaises ; des redoutes défendent la presqu'île d'Abou-Kyr et le passage de la Madyéh.

» L'entrée de la bouche Bolbitine (de Rosette) est défendue par le vieux fort de Raschyd que l'on arme avec le plus grand soin, et par une batterie placée dans l'île qui est un peu au dessous de Rosette.

» L'entrée de la bouche Phatnitique (de Damiette) est défendue par une batterie placée à la tour du Boghaz, et par le village d'Esbéh, situé un peu au dessus ; on le fortifie actuellement. On a aussi mis en état de défense une partie de la ville de Damiette, qui sert de quartier et de place d'armes à nos troupes.

» Le lac de la Madyéh, placé entre Alexandrie et Rosette ; le lac de Bourlos,

placé entre Rosette et Damiette , et celui
de Menzaléh qui est entre Damiette et la
frontière de Syrie , sont occupés par des
chaloupes canonnières qui nous en rendent absolument maîtres , indépendamment
des forts que l'on a construits aux différentes
embouchures de ces lacs.

» Au moyen de ces précautions , aucune
attaque du côté de la mer n'est à craindre
pour l'Egypte. La frontière de Syrie n'est pas
moins assurée.

» Ssalléhyéh , le point habitable le plus
avancé de ce côté , est fortifié de manière
qu'une garnison de quinze cens hommes pourrait y soutenir un long siège , et arrêter une
armée. Un grand nombre de pièces d'artillerie défend les magasins considérables qu'on
y a placés , et qui sont capables de nourrir
l'armée entière pendant plusieurs mois. On
travaille à augmenter de plus en plus la force
de ce poste important.

» La ville de Belbeys , capitale de la province de Charkyéh , se trouve sur cette
frontière en seconde ligne : elle présente naturellement une position où nos troupes ré-
sisteraient à un nombre décuple d'ennemis.

On y construit des ouvrages déjà fort avancés, qui la porteront au degré de force convenable pour une place d'approvisionnement.

— Indépendamment de ces ouvrages défensifs, placés sur les frontières, on en a construit dans l'intérieur, pour donner aux forces françaises un centre où les réserves, les hôpitaux, les magasins, les atteliers, les administrations générales pussent être en parfaite sûreté. On a trouvé les conditions nécessaires pour l'établissement de cette espèce de capitale militaire dans l'ensemble du Kaire, de Boulac, du vieux Kaire, de l'île de Raoudah, et de Gyzéh. On a conçu un système d'ouvrages qui lieront tous ces points, et en feront une enceinte inexpugnable. Une grande partie de ces ouvrages est exécutée.

— Le Kaire est défendu par le château qui est élevé sur le roc, bien fermé et entouré de batteries, par le fort Dupuy et le fort Sulkowky que l'on achève dans ce moment, et par les forts de l'Institut, Muireur et Camin auxquels on travaille.

— Le fort Camin, le fort de l'Institut et l'ouvrage à corne déjà construit à la

ferme d'Ibrahym-Bey , défendent les avenues de Boulac. Le même ouvrage à corne
défend le pont que nous avons jeté pour
communiquer avec l'île de Raoudah.

— Une batterie placée sur le bâtiment
élevé où est la prise d'eau de l'aqueduc ,
protège le vieux Kaire , et la communication avec le Kaire. L'île de Raoudah ,
naturellement défendue par le fleuve, le
sera encore par les batteriesplacées à chacune de ses extrémités ; celles de l'extrémité sud sont achevées ou prêtes à l'être.
Au moyen de ces batteries , nous serons
maîtres absolus du fleuve.

— Enfin Gyzéh , que les Beys avaient
fait environner de murs , nous a fourni
à peu de frais une bonne place forte :
les tours ont été remplies de terre , et
transformées en batterie ; quelques travaux
accessoires la rendront comparable aux
bonnes places européennes. On travaille
en ce moment à établir un pont entre
cette place et le vieux Kaire.

— On a également travaillé à assurer
nos communications dans l'intérieur du
pays. Du côté du sud , à cinq ou six lieues

u Kaire, nous avions en première ligne
eux postes retranchés ; l'un est le fort de
orra, placé sur la rive droite ; l'autre,
e couvent d'Abou-Ssefan sur la rive gau-
he : mais la division du général Desaix
yant marché au Sud, ces deux postes
trouvent fort en arrière, et ne peuvent
plus servir qu'à protéger la navigation du
Nil.

 — L'importance de la communication que
fournit le canal d'Alexandrie, et la faci-
lité que les Arabes bédouins, ont pour l'inquiéter, ont déterminé à fortifier plusieurs
points le long de ce canal, entr'autres, Rahh-
maniéh et Damanhour.

 — On se propose, lorsque les travaux
qu'on a entrepris, laisseront plus de loisir,
de fortifier par de petits postes les principales communications, de les rendre
parfaitement sûres ; au moyen de quoi on
pourra, quand on voudra, interdire aux
Arabes voleurs, le Nil et l'Egypte cul-
tivée, sans lesquels ils ne peuvent se soutenir. Il faudra donc, ou qu'ils s'éloignent, ou
qu'ils se décident à renoncer au brigandage,
et à embrasser un genre de vie plus rappro-

ché des usages des nations civilisées. Alors, le cultivateur sera délivré des continuelles alarmes que lui donnent les Arabes voleurs ; il tirera de sa terre toutes les richesses qui doivent résulter des cultures précieuses de l'indigo, du coton, du sucre, etc., auxquelles le pays convient si bien Elles y sont dans l'enfance, quoique établies depuis long-temps ; mais rien ne se perfectionne dans les pays où rien ne suit un ordre régulier, et où celui qui travaille n'a aucune assurance de jouir ».'

(*Extrait du courier d'Egypte*).

D'après les intentions du général, le médecin en chef, accompagné du cheykh A'bd - Allah ech - Cherkaouy, a été visiter l'hôpital du Kaire, connu sous le nom de *Môristan*. Le docteur est sans doute le premier chrétien qui ait pénétré dans cet asyle du malheur, et sa présence a paru d'abord exciter quelque inquiétude. Il y a trouvé vingt-cinq lits en bois, garnis d'un mauvais matelas, le plus souvent d'une simple natte, et cinquante autres bâtis en pierre, formant une dalle percée à la manière de leurs latrines, et pour le même

usage. Vingt-sept malades et quatorze insensés occupent ce vaste local qui lui a
paru assez mal situé. Les malades n'ont
d'autres secours qu'une distribution peu
régulière en pain, riz et purée de lentilles. Ces infortunés ne paraissent pas même
soupçonner qu'ils puissent être soulagés
par quelques médicamens, et ils attendent
avec résignation les arrêts du destin. Les
insensés sont dans deux petites cours séparées, contenant chacune dix-huit loges.

« Les hommes, dit le citoyen Desge-
» nettes dans son rapport, m'ont paru froids
» et mélancoliques ; la plupart sont âgés. Un
» jeune homme seul est entré en fureur; il
» rugissait comme un lion, et, par une tran-
» sition presque sans nuances, il est rentré
» dans le calme, et un souris stupide est
» venu se placer sur ses lèvres.

« Les loges des femmes, ajoute-t-il, ne
» sont pas toutes grillées, et quelques fem-
» mes, quoique toutes enchaînées, ne sont
» pas, comme les hommes, fixées au mur
» de leurs loges. Une d'elles, dans un
» âge déjà avancé, est venue au devant
» de moi, au milieu de la cour, en pleu-

» rant et en demandant l'aumône ; les au-
» tres se sont voilées, et je n'ai pu saisir
» aucun de leurs traits. Ceux qui m'avaient
» accompagné par-tout se sont arrêtés à la
» porte de cette enceinte, et deux femmes
» qui en gardaient la porte intérieure se
» sont constamment tenues voilées, et la
» figure tournée du côté du mur, pendant
» ma visite. Mais une fille, jeune et belle,
» qui était accroupie, le visage et le reste
» du corps presque nu, a témoigné beau-
» coup de joie en me voyant entrer ; elle
» m'a salué à plusieurs reprises en incli-
» nant la tête, et croisant sur son sein, ses
» mains chargées de chaînes : elle parlait
» avec une extrême vivacité ; mais je n'ai
» compris que le mot *signor* souvent ré-
» pété, et qui est étranger à sa langue.
» J'ai un soupçon vague qu'elle n'est pas
» insensée, et qu'ici, comme ailleurs,
» l'injustice des hommes a souvent plongé
» des êtres raisonnables dans ces lieux de
» désespoir ».

Le général a donné des ordres pour
prendre des renseignemens sur cette intéressante victime, et je viens d'apprendre

qu'elle a recouvré sa liberté ; mais on ne dit pas la cause de sa détention.

Il est arrivé à Souès un envoyé de Typpo-Saïb : les Arabes lui ont enlevé ses dépêches. Cet Indien était parti de Seyringpatnan, il y a deux mois ; et alors son souverain était en guerre avec les Anglais. Il dit que la conquête de l'Egypte par les Français a relevé le courage de ses compatriotes, et leur a donné une haute idée de notre valeur et de nos moyens.

Le général en chef, accompagné d'une escorte assez considérable, a été voir ce port. Je ne parlerai point du canal qui établissait une communication entre le Nil et la mer Rouge, et dont le général a fait le premier la découverte ; des ingénieurs doivent être envoyés sur les lieux pour en faire le relevé exact : je ne parlerai pas non plus des fontaines de Moïse, sur lesquelles le mémoire du citoyen Monge ne laisse rien à desirer, et qui n'offrent rien de bien particulier, si ce n'est qu'elles sont placées sur autant de monticules coniques dans une plaine de sable ; je tais aussi quelques petites antiquités observées

pendant la route, pour lesquelles je ne
me sens pas assez de goût, et qui ne sont
point du ressort de cet ouvrage. Je me con-
tenterai d'observer que le général passa la
mer Rouge à cheval, et aussi heureusement
que Moïse ; qu'à son retour la marée se
trouvant beaucoup plus haute, il fut sur
le point d'éprouver le sort de Pharaon ;
car le gué n'était plus praticable. Plus heureux ou plus habile, Bonaparte se tira
d'affaire ; mais le général Cafarelli, privé
d'une jambe, aurait couru des dangers
sans l'intelligence et le courage d'un guide
à cheval, qui fut de suite élevé au grade
de brigadier.

A l'audience que le général donna aux
capitaines marchands qui se trouvaient
dans le port de Souès, il s'entretint long-
temps avec eux sur le commerce de la mer
Rouge, et les assura de son intention constante de protéger et favoriser de toutes les
manières cette branche intéressante. Lorsqu'ils prirent congé de lui, il donna ordre,
en leur présence, de diminuer les droits
de douane perçus sur le café. Il en avait
écrit quelque temps auparavant au schérif

de la Mekke. Mais je pense que je ferais bien de rapporter ici textuellement la lettre et la réponse.

BONAPARTE, Général en Chef,

Au SCHÉRYF de la Mekke.

Dieu est clément et miséricordieux.

Je vous fais savoir mon arrivée au Kaire, à la tête de l'armée française.

Vous verrez par les lettres que vous écrivent le divan et les principaux négocians du Kaire (1), que j'ai nommé Emir hadjy, Moustaffa-Bey, kyaya de Seyd Abou-Bekir, pacha, gouverneur d'Egypte. Il escortera la caravane avec des forces qui la mettront à l'abri des insultes des Arabes.

Faites connaître à tous les négocians et fidèles, que les musulmans n'ont pas de meilleur ami que nous ; de même que tous les schéryfs et tous ceux qui emploient leur temps et leurs moyens à instruire les peuples, et à propager les maximes du

____

(1) Nous avons cité la lettre du divan, à la page 69.

H

se'nt livre, n'ont pas de plus zélés protecteurs.

Assurez tous les négocians, que non seulement le commerce n'a rien à craindre,
mais qu'il sera spécialement protégé.

Je veillerai toujours aux intérêts de la
sacrée ka'ba dont je me fais gloire d'être
le protecteur. Je vous prie de croire aux
sentimens d'estime, et à la considération
que j'ai pour vous.

RÉPONSE DU SCHÉRYF.

Suscription de sa Lettre.

*Avec le secours du ciel, que cette Lettre
parvienne au Kaire, et soit remise à
l'Émir BONAPARTE, l'ami de la sacrée
ka'ba : que Dieu le dirige dans ses voies !*

*Au nom de Dieu clément et miséricor-
dieux, et salut de paix sur notre seigneur
Mahomet, le dernier de tous le prophètes,
et le prince des envoyés de Dieu ! Salut de
paix soit aussi sur sa famille et sur les
apôtres de sa mission divine !*

Suit le grand sceau du Schérif, où on lit : *L'esclave
du Tout-Puissant, Ghalyb Moussayd, l'an de l'hégyre
1191 (époque de son avénement).*

SCHERYF GHALYB, fils de Moussayd, Prince de la Mekke,

A L'ÉMIR BONAPARTE,

Le protecteur des U'lémas, et l'ami de la sacrée Ka'ba.

Après vous avoir fait mes salutations ; je dois vous informer que j'ai reçu votre lettre amicale, et que j'en ai compris le contenu. J'ai vu notamment que vous avez donné au kyaya du pacha du Kaire, la charge de conducteur de la caravane des pélerins musulmans, et je n'ai pu qu'applaudir à cette disposition.

Vous me dites que vous êtes résolu d'encourager les pélerins musulmans à visiter la maison de Dieu, et qu'ils demandent sûreté et protection de notre part. Il n'y a pas de doute qu'ils ne soient ici efficacement protégés, et que personne ne s'opposera à ce qu'ils visitent paisiblement la sacrée ka'ba et le mausolée du prophète. Le seigneur n'a ordonné la construction de sa sainte maison, que pour en faire le rendez-vous de l'islamisme.

Ainsi, chacun pourra venir s'acquitter, selon la coutume, du devoir du pélerinage, et il n'y aura rien à craindre pour lui.

Quant à ce que vous me dites au sujet des encouragemens à donner au commerce du café, sachez que les négocians de l'Hydjaz ne sont point encore assez rassurés contre les vexations qu'ils avaient coutume d'essuyer ci-devant de la part des Mamlouks; et si vous avez l'intention de donner à ce commerce toute l'extension dont il est suscep-tible, prenez quelque mesure pour les tran-quilliser, et faites leur connaître le droit que vous exigerez d'eux sur les cafés et sur les autres marchandises. Si vous prenez ce parti, vous les verrez accourir en foule; autrement, la crainte d'être inquiétés dans leurs opérations de commerce, les empêchera d'aller en Egypte.

Ce que vous me dites aussi au sujet des Arabes qui pourraient maltraiter les pélerins musulmans, cela n'aura sûrement pas lieu, avec les secours de Dieu, et votre puissante protection.

Salut de paix sur celui qui suit la direction du salut!

Durant le séjour de Bonaparte à Souès, il s'est passé un événement qui pourra fournir un trait caractéristique au portrait des Orientaux. Un capitaine marchand, venant d'Ymbo, arriva en rade par un gros temps qui le fit échouer au point qu'on ne voyait plus que les mâtures de son bâtiment. Accablé par ce malheur, et se croyant ruiné, ce capitaine ne cessait de répéter *min Allah*, cela vient de Dieu, et ne prenait aucune mesure pour sauver le bâtiment ou les effets. Le commandant de Souès fit donner aussitôt tous les secours possibles à ce bâtiment, et les marins Français parvinrent à le remettre à flot, et à sauver la cargaison, sauf quelques avaries.

Le propriétaire n'avait pris aucune part au travail, et quand on lui en annonça les résultats, il refusa d'y croire. On le conduisit alors auprès de son bâtiment ; et cet homme qui ne pouvait pas concevoir comment ce prodige s'était opéré, se prosterna devant les Français, en baisant leurs pieds, avec toutes les démonstrations d'une personne dont la raison est égarée. Il n'était pas moins surpris du désintéressement des Français qui lui rendaient gratuitement ce service, et réprimaient l'avidité d'un officier turk, employé au service de la République, et qui prétendait, en qualité d'agha, avoir le droit de s'approprier le dixième des effets naufragés.

Quoique Bonaparte fût à cheval dans ce voyage, sa voiture le suivait, attelée de six chevaux; et c'est sans doute la première fois qu'on a vu dans ce pays un carosse traverser le désert. La prodigieuse activité du général faisant des excursions à droite et à gauche, pour reconnaître le pays, et la simplicité de son domestique, étonnaient extrêmement les Turks. Un marchand s'étant apperçu que Bonaparte n'avait que trois personnes pour le servir, disait à l'interprète : *J'ai onze personnes pour me servir, moi qui ne suis qu'un pauvre marchand; voilà un homme qui peut disposer de tout ce qu'il y a dans le pays, et qui se contente de trois domestiques. Les Mamlouks n'étaient pas accoutumés à tant de simplicité et à cette vie dure; il n'est pas étonnant qu'ils aient été vaincus.*

Tous les Français qui se trouvaient à Yaffa

et à Ramléh, pour affaires de commerce, ont été arrêtés et mis en prison ; on en a fait autant de ceux qui étaient à Lattakyéh et sur les côtes de la Syrie. On ajoute même qu'il y a un mouvement continuel de couriers, entre Constantinople et cette province. On prétend que le général en chef a tenté quelques ouvertures de paix avec le pacha d'Acre, mais qu'il en a été peu satisfait. Quoi qu'il en soit, Bonaparte exerce tous les jours ses troupes sur la place Ezbekyéh. Il a ordonné la formation d'un corps monté sur des dromadaires, animaux propres à la fatigue, dont le trot égale le petit galop du cheval, et qui peuvent porter en même temps les munitions de guerre et de bouche. Il a également ordonné qu'on accoutumât les chevaux à boire de l'eau saumâtre, et que chaque cavalier eût à se munir de deux outres, contenant chacune dix livres d'eau. Chaque fantassin doit aussi porter un pieu ferré par les deux bouts, et qui fera partie de son armement. On pense qu'il a le projet de quelque expédition.

Le 25 nivôse, anniversaire de la bataille de Rivoli, on a encore lancé une montgolfière ; elle n'a guère mieux réussi que la précédente. On ne sait si l'on doit s'étonner de l'extrême indifférence des habitans sur cette machine aérienne : on en a vu traverser la place, sans daigner tourner les yeux vers le point qui paraissait occuper tous les Français.

Il était arrivé au Kaire, il y a quelque temps, une caravane de Nubie, qui, outre les esclaves dont elle fait commerce, apporte habituellement des plumes d'autruche, des dents d'éléphant, du tamarin et de la poudre d'or. Le citoyen Rigo résolut de peindre le chef, dont le caractère nubien était fortement prononcé sur sa figure. Il employa tous les moyens possibles pour l'attirer chez lui, et il y réussit enfin. Le Nubien parut d'abord content de l'esquisse au crayon ; il montrait avec son doigt les parties du dessin et les parties correspondantes de son visage, en s'écriant : *Tayeb* ! bien. Mais quand le peintre y eut mis les couleurs, à peine cet homme eut-il fixé la peinture, qu'il se jeta en arrière, en poussant des hurlemens effroyables. Il fut impossible de le calmer, et il s'enfuit à toutes jambes, disant par-tout qu'il venait d'une maison où l'on avait pris sa tête et la moitié de son corps.

Il a fallu employer l'autorité pour peindre une esclave du même pays, appartenant à un Français. A mesure que le peintre achevait de faire la tête, le bras, etc., elle s'écriait : *pourquoi prends-tu ma tête? pourquoi ôtes-tu mon bras?* Ces gens sont persuadés que toutes les parties du corps dont l'image est représentée sur la toile, vont se dessécher ; et ceux d'entr'eux qui ont vu les atteliers du citoyen Rigo, ont répandu le bruit qu'ils avaient trouvé chez un Français, des têtes et des membres coupés. Ces choses là ont concouru sans doute à faire croire aux Egyptiens, que les membres de l'Institut sont les sorciers de Bonaparte, et qu'ils ont contribué de beaucoup au succès de ses armes : les membres de l'Institut sont trop modestes pour le penser.

Les chrétiens du pays s'imaginent que tous les portraits représentent des saints ; je les ai vus baiser dévotement les gravures de mes livres. Cet acte de dévotion me paraissait bien plaisant, à l'égard de quelques-unes sur-tout.

J'ai été voir l'île de Raoudah, lieu délicieux, le plus beau de l'Egypte. Cette île
est séparée de Gyzéh par la branche principale du Nil, et du vieux Kaire par le petit
bras qui fournit l'eau au canal de la capitale pendant l'inondation : elle a près d'une
lieue de longueur sur un quart, dans sa plus
grande largeur, et sa forme est à peu près
ovale. Cette terre féconde et infatigable offre
de tout ce que l'Egypte produit. Les dattiers,
les orangers, les citroniers, les tamarins, les
grenadiers, les acacias, les banauniers, les
cassiers, les mûriers, les pistachiers, etc., s'y
trouvent réunis sans ordre ni distribution.
On y cultive la canne à sucre, l'indigo, le
tabac, le coton. On y voit, sur la côte occidentale, une longue ligne des plus beaux
sycomores dont l'œil puisse être flatté : leur
ombrage est tel que dix hommes peuvent
facilement se promener de front, à droite
et à gauche, sans être exposés à l'ardeur du
soleil. Je crois qu'il serait difficile de ren-
conter une allée plus majestueuse ; et combien n'est-elle pas agréable dans ces climats brûlans ? La vue du fleuve célèbre
qui coule autour, lui donne un nouveau

prix, sur-tout, lorsque portant ses regards plus loin, à l'ouest, on voit les pyramides élever leur masse imposante sur les tristes déserts de la Lybie, tandis que le Mokkatam présente ses flancs arides du côté opposé. Le fleuve coule du midi au nord. Cette île est toujours verdoyante; mais la verdure ici n'a pas la même fraicheur qu'on remarque en Europe: la poussière et l'action violente du soleil lui donnent un air languissant ; nulle part on ne rencontre l'épaisseur et le charme de nos gazons.

A l'extrémité méridionale où le Nil se divise, s'élève l'édifice qui renferme le mékyas ou nilomètre, destiné à faire connaître la crue des eaux. Ce monument, dont on a tant parlé, et dont le site est si beau, est dans un délabrement pitoyable. La colonne de ce nilomètre est octogone, de marbre commun, et s'élève au milieu d'un bassin carré, dont le fond est de niveau avec lit du fleuve ; elle est divisée en coudées et en doits. Sa hauteur est de seize coudées ou deraa', dont la grandeur va en diminuant, et dont le moyenne proportionnelle équivaut à vingt pouces de France. Le Nil ne descend guère au dessous de la troisième coudée, et il doit monter au dessus de la seizième, c'est-à-dire jusqu'au chapiteau, pour marquer le terme de l'abondance : ce chapiteau est surmonté d'une poutre, et il a une coudée quatre doigts de hauteur. On dit que la construction de ce nilomètre remonte à près de neuf cens ans. Le deraa' dont se sert le cheykh du mekyas pour annoncer au peuple la crue du fleuve, est plus petit que celui de la colonne : ce système est favorable aux impositions.

L'armée est partie, le 20 pluviôse, pour l'expédition de Syrie. El-Arych, Gaza, et quelques autres places ont à peine tenu ; mais Ya''a a résisté de toutes ses forces. La ville investie, Bonaparte l'a fait sommer de se rendre ; la garnison a retenu le parlementaire, et le général n'a point reçu de réponse. La place fut emportée de vive force, la ville livrée au pillage, et la garnison passée au fil de l'épée ; plus de quatre mille hommes des troupes du Djezzar y ont péri. Le général a donné la liberté aux Egyptiens qui s'y sont trouvés, ainsi qu'aux habitans d'Alep et de Damas, et les a renvoyés dans leurs foyers.

On a trouvé dans ces différentes places une

quantitéconsidérablede munitionsde bouche
et de guerre, et une proclamation du pacha
d'Acre; ce qui prouve que son intention était
de porter la guerre en Egypte, et que Bonaparte n'avait fait que le prévenir. Voici la
proclamation; elle est précédée de deux versets du koran, relatifs à son but :

KORAN.

Préservez-nous, mon Dieu, des embûches de satan.
Au nom de Dieu, clément et miséricordieux! O vous
qui avez cru, voulez-vous que je vous montre le moyen
d'éviter les tourmens les plus terribles; croyez en Dieu
et en son prophète, et combattez pour la cause divine, de
tous vos moyens et de toutes vos forces : c'est ce que vous
avez à faire, si vous êtes clairvoyans. Vos fautes vous
seront pardonnées, et vous entrerez dans les jardins où
coulent des fleuves délicieux ; vous serez récompensés
dans les demeures bienheureuses du jardin d'Eden,
au comble de la félicité.

Une autre sentence du koran nous dit :

La victoire vient de Dieu, et le triomphe n'est pas
éloigné. Annoncez aux vrais croyans, que celui qui suit
une autre religion que celle du salut, n'en retirera
aucun avantage, et qu'il sera au nombre des réprouvés
au jour du jugement.

Il n'y a point d'autre Dieu que Dieu; Mahomet est son
prophète; sur lui soit le salut de paix.

DJEZZAR, Pacha d'Acre;

*Au Cheykh arabe Nassyr, à l'illustre So-
leyman Abou-Nayr, O'mar Abou-Nassyr,
Cheykh des Arabes saedéhs, demeurant
à Bourdjet el-Koubra : que Dieu les
élève en dignité !*

Après le salut, nous vous faisons savoir
que le huitième Chaa'ban, jour béni de
la présente année 1213, nous avons reçu
des ordres sacrés du souverain, et des
commissions glorieuses de la sublime Porte,
dont le contenu nous apprend que sa Hau-
tesse notre sublime Sultan, que Dieu
veuille rendre victorieuse, nous a nommé,
cette année, pacha du Kaire la bien gardée ; qu'il nous a revêtu du généralat des
troupes musulmanes, du pachalyk de
Damas, de la conduite du pélerinage à
la sacrée kaa'ba, du pachalyk de Tripoli,
de Syrie, de Gaza, de Ramléh, de Yaffa
et de toutes leurs dépendances ; qu'il nous
a continué le gouvernement d'Acre. Nous
rendons graces à Dieu de ces bienfaits

glorieux et de ces nouveaux emplois. S'il plaît à Dieu, cette année sera bénie par dessus toutes les autres pour tous les musulmans. C'est pour vous faire connaître ces nouvelles, qu'émane cet ordre éminent.

Nous vous faisons savoir également que nous avons rassemblé des troupes musulmanes, des armées innombrables de fidèles, fantassins et cavaliers. Nous avons préparé des provisions de guerre et de bouche très-considérables, que nous avons déjà fait passer à Gaza et à el-A'rych, pour s'avancer vers l'Egypte, nous confiant, d'ailleurs, sur le secours du Tout-Puissant, pour détruire les Français.

Nous desirons que vous vous réunissiez dès ce moment à nous, pour ne former qu'un seul faisceau. Purifiez vos cœurs ; que toutes vos pensées soient louables ; unissez-vous à vos frères les croyans, contre ces maudits infidèles ; faites vos efforts pour le triomphe de l'islamisme ; car, par le secours du Tout-Puissant, vous serez vainqueurs de vos ennemis qui sont les ennemis de Dieu.

Ne vous laissez pas effrayer par leur

jactance et leurs vaines menaces ; prenez
garde sur-tout à leur perfidie. Ils vous
feront d'abord des promesses , et vous pré-
cipiteront ensuite dans un abîme de maux.
Ils ruineront vos habitations, et n'en laisseront aucune trace.

Nous nous sommes apperçus qu'ils sont
dans la situation la plus déplorable ; les
nouvelles les plus certaines nous en ins-
truisent complétement. Nous avons inter-
cepté des lettres qu'ils envoyaient pour les
Français ; nous les avons traduites en
arabe , et nous vous les communiquerons ;
pour vous confirmer nos paroles , et ne
vous laisser aucune incertitude à ce sujet.
Cela augmentera notre force et votre zèle ;
et , s'il plaît à Dieu , vous éprouverez de
notre part tout ce qui pourra vous satisfaire. Nous assurerons le repos des peuples
par un gouvernement sage , nous tiendrons
nos promesses , et ces oppresseurs sauront
alors qu'on les attend.

Nous avons écrit dans ce sens à tous
les Beys , les Arabes et les personnes en
crédit. Sachez-le ainsi , et conduisez-vous
conformément à nos intentions. Dieu veuille

vous

vous élever en dignité , et vous protéger
contre le peuple des infidèles. Que le salut
de paix soit sur le prince des prophètes ,
et la louange à Dieu , le maître du monde.

Donné le 19 Chaa'ban 1213 (5
pluviôse an 7).

Ce Pacha a du courage et des talens
militaires ; mais il est extrémement avare ,
et d'une férocité qui lui a valu le nom de
Djezzar , boucher , dont il se glorifie ;
son véritable nom est Ahhmed. Obligé de
s'expatrier de Bosnie, son pays natal, pour
un viol qu'il avait tenté de commettre sur
sa belle-sœur , et privé de moyens d'existence , il prit le parti de se vendre à un
marchand d'esclaves qui le conduisit en
Egypte. Après bien des vicissitudes , ses
cruautés , ses intrigues et ses trahisons
l'élevèrent enfin au poste qu'il occupe ,
et où il cherche à se rendre indépendant.
La Porte qui en avait reçu de grands services , mais qui craignit enfin son ambition ,
lui envoya le cordon à différentes reprises :
loin de le recevoir , il fit empoisonner les
capidjys , porteurs de tels ordres , et dégoûta

ainsi, pour l'avenir, d'une si périlleuse commission. On rapporte que, lorsqu'il fit réparer l'enceinte de Beyrout, pour le défendre contre Yousef, son bienfaiteur, qui lui en avait confié le commandement, et les Russes qui l'assiégeaient par mer, il fit murer vivans un grand nombre de Grecs dont il laissa la tête à découvert pour jouir de leurs souffrances jusqu'au dernier moment. Il fut pourtant obligé de se rendre à discrétion ; le vainqueur pardonna généreusement , et il en fut encore trahi.

Le général Dugua commande au Kaire. On a formé, pour la sûreté publique, une garde nationale , composée des employés civils, et en général de tous les Européens qui se trouvent au Kaire.

Le général Desaix qui commande dans la haute Egypte , est toujours à la poursuite de Mourad - Bey , qui , sans cesse vaincu, réduit souvent aux abois, se relève toujours avec de nouvelles forces : on dirait qu'il renaît de ses cendres. Cet homme est vraiment extraordinaire.

Les habitans du Fayoum, une des plus belles provinces de l'Egypte , témoins de la constance et de la valeur de nos troupes, disaient un jour au général Desaix : *Sultan, tu ne devrais pas donner du pain à tes soldats ; ils méritent d'être nourris avec du sucre.*

Ce général avait fait partir pour le Kaire une statue d'Antinoüs , et une d'Apollon, qu'il avait trouvées dans les ruines d'Antinoé. Le paysan à qui on les avait confiées , se voyant sans doute trop chargé, trouva tout simple d'abandonner l'Apollon ; et il n'a pas cru faire une grande perte, car ces gens là ne peuvent pas concevoir pourquoi nous attachons du prix à ces sortes de choses.

Il y a au Kaire des hommes de toutes les nations et de toutes les couleurs ; mais le spectacle le plus singulier , c'est de voir des Français courir comme des écervelés en se promenant , coudoyer, écarter à droite et à gauche tout ce qui se trouve sur leur passage , ou bien , montés sur des ânes, renverser le tranquille Egyptien qui n'a pas même le temps de faire entendre ses plaintes , et qui est bien loin de se douter que ce puisse être une partie de plaisir : j'ai vu un Cobte allant gravement sur son âne, et tout d'un coup culbutés l'un et l'autre par un Français faisant partie d'une cavalcade à pareilles montures, qui venait au galop. Une demi-douzaine de piétons qui couraient de loin à perte d'haleine, avaient beau crier : *Ya, soultan, stanna choyéh*, ô! sultan, arrête un peu, leurs cris n'étaient pas plus entendus que les plaintes du Cobte gissant par terre ; et perdant bientôt de vue et leurs ânes et les cavaliers, ils prirent leur parti ordinaire, c'est-à-dire qu'ils se résignèrent à la providence.

Les ânes sont ici ce que sont les fiacres à Paris : on les prend sur les places publiques pour faire une course. Le prix n'est point fixé ; il dépend de la longueur du chemin ou du temps qu'on garde la monture. Avant notre arrivée, on pouvait, pour trois ou quatre sous, aller et revenir d'une extrémité du Kaire à l'autre ; il en coûte au moins le double aujourd'hui : mais comme cela dépend encore de la générosité du cavalier, il survient souvent des rixes. Aussi, les conducteurs, qu'on appelle âniers, se sont-ils appliqués à connaître leur monde, et lorsqu'il se présente quelqu'un qu'ils soupçonnent mauvais payeur, ou quelque soldat ivre, ils disent qu'ils sont retenus, parce qu'ils craignent de recevoir, en dédommagement de la modicité du prix, quelques coups de bâton ou de cravache ; ce qui arrive de temps en temps pour le compte de l'âne comme de l'ânier.

Il ne faut pourtant pas croire que ces ânes soient de tristes sires comme les nôtres, humbles et chétifs comme nos chevaux de fiacre ; ils sont gentils, spirituels, de belle encolure ; ils n'ont rien d'âne que le nom, et il en est d'une espèce fort haute qui se vendent jusqu'à cent écus, quelquefois au delà : la taille de ceux-ci approche de celles de nos criquets. Le petit trot est l'allure ordinaire des uns et des autres ; mais comme ce pas ne pouvait nullement convenir à la vivacité française, ces ânes se sont si bien faits à nos manières, que, dès qu'un Français monte dessus, ils se disposent à prendre le galop ; et souvent on a de la peine à les retenir : on en trouve pourtant qui veulent faire leur petite volonté , aussi têtus que nos ânes de France.

Ils sont, d'ailleurs, bien soignés ; on leur coupe le poil pour les enjoliver : quelques-unes sont teints en rouge. On ne leur ôte point ordinairement la bride pour les faire manger pendant le jour ; et, pour abréger le repas, les âniers leur fourrent l'herbe dans la bouche.

La monture des femmes se distingue par un exhaussement en couvertures et tapis placés au dessus de la selle. Je ne sais si c'est à la politesse où à la jalousie des Égyptiens qu'il faut rapporter cette distinction ; il est certain qu'à une pareille élévation il est difficile de les perdre de vue. Ainsi juchées , masquées et recouvertes d'un ample voile de taffetas noir, dont l'agitation de l'air remplit les vides , elles présentent un spectacle assez grotesque.

Les cheykhs et notables du pays montent des mules ; ils s'en servent pour le moindre trajet , et même pour rendre visite à leur voisin. Le cheval est ordinairement affecté aux militaires : ils le manient avec tant d'adresse, qu'ils le feraient, je crois, tourner sur une petite table.

Le piéton jouissait ici de peu de considération ; et lorsqu'il n'avait pas soin de se ranger à l'écart, au passage d'un grand, les bâtonniers ou *kaouas*, gens qui précèdent le cavalier, l'avertissaient souvent d'une manière trop sensible. Les chrétiens et les juifs étaient obligés de descendre de leur âne.

La population de l'Egypte se compose principalement de cinq nations bien distinctes ; savoir : les Cobtes ou naturels du pays, les Grecs, les Juifs, les Musulmans et les Arabes qui vivent également sous les lois de Mahomet. On y trouve aussi des Arméniens, des Syriens, et la nation des Européens, désignés sous le nom Francs ; mais ces trois dernières classes sont peu nombreuses, et ne s'occupent généralement que du commerce ou de l'exercice de quelque industrie. Quoique leur habillement à tous, consiste en longues robes ou tuniques, placées les unes sur les autres, le moindre observateur les distingue bientôt à leurs manières, à leur air, à leur démarche, et

quelquefois à leur figure. Le turban est cependant le signe distinctif le moins équivoque, soit par sa couleur, soit par son
arrangement. Ce turban, qui est la coiffure
commune des deux sexes, n'est autre chose
qu'un schall ou mouchoir roulé autour de
la tête sur un *tarbous*, bonnet rouge assez
semblable à celui des enfans de cœur en
Europe : mais le petit peuble en a quelquefois de blancs.

Le turban des Musulmans est blanc ou
rouge, et verd pour les achéryfs. Les Juifs
les portent d'une couleur toujours pâle ou
rembrunie ; et la plupart des Cobtes, bleuâtre
et plissé en forme plate. Celui des Francs,
des Syriens, Arméniens et des riches Cobtes,
est de couleurs variées, mais avec quelques
nuances dans la mise. Chez les notables,
parmi les Musulmans, il est d'une ample
rotondité. Le bonnet des Beys présente la
forme d'un cône tronqué et renversé. Ils ont
en outre, ainsi que leurs Mamlouks, un pantalon rouge assez vaste pour contenir toutes
leurs robes, et au delà : il monte jusqu'à
la poitrine où il s'attache en coulisse, et il
est fixé de même vers les chevilles des pieds

Les pantalons des femmes, beaucoup moins hauts et moins amples, s'attachent de la même manière; ceux des hommes finissent au gras de la jambe et sans coulisse, et ils sont communément de toile; tandis que chez les femmes de ton, ils sont en étoffes richement brodées. En général, les vêtemens inférieurs, chez les dames sur-tout, sont les plus beaux et les plus riches.

Le turban sied bien aux Egyptiennes : il est souvent d'un grand prix ; les diamans et les perles y sont répandues avec profusion ; et l'on y voit aussi des sequins de Venise, et autres pièces d'or : tous ces ornemens sont remplacés par quelques parais chez les femmes du petit peuple. La mise des riches Egyptiennes est ordinairement plus coûteuse que celle de nos Françaises : je dis ordinairement, parce que nos dames du haut ton peuvent avoir un diamant ou quelqu'autre bijoux, qui, par son fini et sa beauté vaudrait, à lui seul, plus que tout un hareim. Il est bon d'ajouter aussi que les modes ne changeant point, la dépense se renouvelle plus rarement.

L'habillement des hommes et des femmes

du petit peuple se réduit ordinairement à une espèce de chemise ou tunique bleue de toile grossière, et à un mauvais pantalon de toile blanche. Il n'est même pas rare de rencontrer des hommes et quelquefois des femmes qui ne portent point ce dernier vêtement; de sorte qu'avec trois ou quatre francs au plus, ils se fournissent une garde - robe de plusieurs années. Pour que la crasse ne pourrisse pas trop vîte leur avoir, ils ont, de temps à autre, recours au blanchissage qui est aussi simple que leur mise : ils se plongent dans l'eau; lavent leur robe, l'étendent sur le rivage, et sortent du bain quand elle est sèche.

On ne connaît point la lessive dans ce pays-là, et l'on se sert d'une pierre pour faire sortir la crasse. Nos chemises d'Europe ne peuvent résister long-temps à des procédés aussi ingénieux. Les leurs, car les gens aisés et quelques personnes du peuple en ont aussi, ressemblent assez à nos chemises de femme; mais elles sont fendues à la gorge, également amples par-tout, et descendraient jusqu'à la cheville des pieds, si le pantalon ne les retenait pas; les hommes et les femmes les portent de même. La tunique bleue dont nous venons de parler, descend ordinairement aussi bas ; mais il en est chez les hommes, sur-tout les âniers, qui ne vont que jusqu'aux genoux ; ce qui les rend plus dispos à la course.

Les Egyptiens, hommes et femmes, se noircissent les paupières, et colorent en rouge, avec du hennéh, leurs ongles et la paume de leurs mains ; ils se tatouent la figure, les bras, le corps, avec de la poudre. Les Cobtes se font faire des croix, des christs, des vierges, etc. ; et quelques-uns en sont tellement couverts que je ne sais trop par où le malin esprit pourrait les prendre. Ils ont tous des bagues, mais de peu de valeur, et plusieurs ont des anneaux aux bras et aux pieds. Ces anneaux sont très-souvent de cuivre ou de verre.

Les femmes ne laissent croître que leurs cheveux, les hommes leur barbe : tout le reste est impitoyablement rasé. Les hommes conservent cependant une touffe de cheveux au lieu où nos prêtres se font tonsurer : c'est par cette touffe, dit-on, que l'ange Gabriel les porte en paradis.

Les hommes ont une habitude assez singulière que tous les Français ont eu lieu de remarquer comme moi. Quand ils ont un certain besoin, ils ne s'en prennent ni aux murs ni aux arbres ; ils se mettent dans la même attitude que nous en plein champ pour un autre besoin non moins impérieux ; et s'ils ne se trouvent point près d'un canal ou de la mer, ils grattent la terre avec leurs mains, et forment un trou où l'eau qu'ils y déposent leur sert à se laver. Il faut convenir que c'est un genre de propreté bien entendu. Ils sont à peu près aussi conséquens sur bien d'autres articles.

L'Égyptien, en général, enveloppé dans sa longue robe, le menton garni d'une ample barbe, la tête couverte d'un gros turban, présente un aspect fier et un maintien assuré : sa physionomie est prononcée, sa taille avantageuse sans être bien grande, le corps musculeux et bien dessiné ; on en trouve rarement de contrefaits. Il a les yeux noirs et vifs, les dents blanches, une voix forte et sonore. Impérieux, quand il est le plus fort, rampant lorsqu'il est faible, il est habituellement menteur et astucieux. L'homme franc n'est qu'un sot à ses yeux , et la fourberie lui paraît la plus grande preuve d'esprit : aussi l'Egyptien est-il très-soupçonneux. Superstitieux à l'excès, sans avoir du courage, il reçoit la mort avec résignation , parce qu'il pense que Dieu l'a voulu ainsi. Le peuple , sain et robuste, extrêmement borné dans ses besoins , se livre facilement à la gaîté , mais le riche conserve toujours un maintien grave et imposant.

Un peu de pain, des dattes, du fromage très-salé , des fèves, des pastèques, quelques racines , des feuilles de légumes, forment la nourriture habituelle du peuple : elle est quelquefois à moindre frais ; j'ai vu des Egyptiens ramasser l'écorce des melons que nous avions jettés par la fenêtre, et en faire un bon repas. C'est pourtant ce peuple qui pensait que nous étions venus en Egypte , parce que nous n'avions que de l'herbe à manger chez nous: sa politique ne s'étendait pas plus loin. Le riche mange du riz , des confitures et quelques autres friandises assez mal préparées , souvent du mouton et des poulets , mais fort peu. En Egypte, comme dans tous les pays chauds , on est très-sobre

pour la nourriture. Les mets sont ordinairement apprêtés avec beaucoup d'aromates,
et ils font un grand usage du jus de citron.
Riches ou pauvres, hommes et femmes,
tout le monde fume la pipe, et boit le
café: c'est la moitié de leur vie. La boisson
ordinaire est l'eau du Nil, qui est excellente,
mais que nous autres Français ne serions pas
fâchés de remplacer de temps en temps par
quelques verres de bon vin de Bourgogne.
Les riches ont pourtant leur sorbet, et les
pauvres leur décoction de réglisse et de
caroube.

L'Egyptien n'aime pas beaucoup le travail,
et il est lent dans tout ce qu'il fait. Il supporte
cependant assez bien la fatigue, et il imite
avec assez d'adresse nos arts mécaniques;
mais il ne s'attache nullement à ce fini qui
donne tant de prix à nos ouvrages. Au reste,
il n'y a que la menace ou l'intérêt qui puisse
faire faire aux Egyptiens des objets d'art à
l'Européenne; et lorsqu'on veut les faire
sortir de leur méthode routinière, ils ré-
pondent froidement que leurs pères ont vécu
en travaillant ainsi. Ils se servent également
des pieds et des mains pour le travail; et

leurs outils sont en très-petit nombre, et on ne peut pas plus simples. Les états chez eux sont beaucoup multipliés par leurs subdivisions ; il m'a fallu employer trois sortes de maçons pour me faire ouvrir une communication d'une pièce à une autre. Chaque nation exerce son art exclusivement ; par exemple : les Grecs, les Juifs, les Arméniens et autres étrangers s'occupent seuls de l'horlogerie, de la bijouterie ; les Cobtes, de la charpenterie, de la menuiserie ; les Musulmans, du maçonnage, de la tissanderie : ces derniers possèdent beaucoup plus de professions. Chaque état, même celui de domesticité, a un cheykh ou chef qui exerce la surveillance : il est pris parmi les Musulmans, c'est ordinairement un vieillard, comme le mot *cheykh* le signifie.

Les femmes sont également bien faites ; leurs traits sont plus adoucis que ceux des hommes, mais sans délicatesse ni expression ; leurs formes plus arrondies, mais un sein flasque et allongé, un ventre proéminent, gâtent de bonne heure ce que leur taille pourrait avoir d'avantageux : elles ont les dents très-blanches et de beaux yeux noirs et très-expressifs ; mais la couleur noire dont elles se peignent les paupières leur donne un air de rudesse qui en ôte tout le charme. Les femmes du peuple sont basanées ; les autres sont en général assez blanches : j'ai vu des juives qui l'étaient même par trop.

Toutes ces beautés , sans excepter les Géorgiennes et les Circassiennes qu'on prône tant , n'ont ni les grâces ni l'amabilité de nos Françaises: ce certain je ne sais quoi qui préviendra toujours en faveur de celles-ci , tient sans doute au terroir , et je crois qu'il n'est pas facile d'en trouver ailleurs.

L'embonpoint est le genre de beauté que les Egyptiens , et sur-tout les Turks , ambitionnent le plus dans une femme ; et , pour me servir de leur expression , lorsqu'ils lui trouvent des yeux de gazelle , un visage de lune et des hanches de coussin , ils n'ont plus rien à desirer. Les femmes du peuple ont rarement ces deux dernières beautés , mais elles ont une belle démarche ; les autres vont posément , et se dandinent comme celles d'Alexandrie et des autres parties de l'Egypte. Il n'est pas du bon ton,

ton, ni même décent, qu'une femme parle dans la rue. Comme l'habillement supérieur de celles qui sont aisées est uniforme, c'est-à-dire, toujours composé d'un borgo de toile blanche, pour cacher la figure ; d'une longue chemise de taffetas blanc, qui couvre les vêtemens inférieurs, et d'un ample voile de taffetas noir, qui les prend depuis la tête jusqu'aux pieds, il serait même difficile à un mari de reconnaître sa femme dans la rue.

Ce borgo qui a tant dépité nos Français, peut avoir sept à huit pouces de largeur : placé immédiatement au dessous des yeux, il suit la longueur des vêtemens. Au moyen de trois bandelettes dont deux remontent vers les tempes, et l'autre suit le milieu du front, il est assujéti par un lien dont les deux extrémités se nouent derrière la tête.

Le borgo des femmes du petit peuple est communément d'un léger tissu noir et grossier, apparemment pour éviter les frais du blanchissage : leur pécune est renfermée dans la partie inférieure qu'elles nouent ; et lorsqu'elles mangent en public, elles passent la main par dessous ce borgo. Elles

K

ont aussi quelquefois un voile sur la tête : c'est le plus souvent un mauvais torchon de toile blanche.

Les Égyptiens sont extrêmement jaloux et tyrans de leurs femmes qu'ils ne considèrent guère que comme leurs premières esclaves ; et même les véritables sont moins gênées à certains égards. Renfermées dans leur hareim, ces femmes attendent avec résignation que leur maître veuille bien les honorer d'une visite, leur permettre de lui préparer un repas, de le servir à table, ou de lui laver les pieds, tandis que l'orgueilleux despote fume gravement sa pipe en attendant qu'il fasse mieux. On doit bien s'imaginer que ces intéressantes captives ne s'amusent point à faire les cruelles dans une occasion favorable. On rapporte qu'un Français ayant un jour trouvé le moyen de se glisser dans l'appartement d'une belle qu'il avait vue sur la terrasse, celle-ci, soit crainte ou surprise d'une telle témérité, fut d'abord interdite ; mais à peine son courageux amant lui eût-il fait comprendre l'objet de sa démarche, qu'elle s'écria avec transport : *Soleil de ma vie ! hâte-toi ; l'heure de l'instant propice peut s'envoler pour tou-jours.* Le danger qu'avait couru ce jeune étourdi, excita sans doute sa charmante maî-tresse à une reconnaissance aussi prompte qu'efficace.

Une femme d'une famille riche ou distin-guée, et qui épouse un homme sans nom et sans fortune se trouve dans une meilleure po-sition ; elle est presque toujours la maîtresse : ces sortes de mariages sont assez fréquens.

Les Egyptiennes sont ardentes et libidi-neuses ; mais elles ne connaissent pas tous ces jolis petits riens , ces préludes enchan-teurs qui répandent tant de charmes et mul-tiplient les jouissances entre deux amans : tout cela n'est que fadaise à leurs yeux, et il faut aller de suite au but. Accoutu-mées à regarder l'homme comme leur maî-tre , dirai-je comme un être supérieur , elles opposent rarement de la résistance dans un tête-à-tête. Elles ont raison à l'égard de nombre de Francais ; car leurs pantalons sont bien peu faits pour inspirer du desir , et un moment de réflexion suffirait pour détruire tous les prestiges de l'amour : ces pantalons sont vraiment comme la tête de Méduse, un seul rapport excepté. Le siège de l'Amour, privé de gazon, présente aussi bien moins d'appas.

Ces femmes, au reste, ne sentent pas assez toute la dignité de leur être, et ne se doutent nullement des moyens que la nature leur a donnés en dédommagement de la faiblesse de leur sexe. Un jour qu'on disait à des Egyptiennes, que les dames jouissaient en France de plus de bonheur et de considération, une d'elles demanda si c'était qu'elles eussent plus d'argent. Mais que peut - on attendre de femmes à qui on n'a jamais rien appris, pas même à lire.

Leur principal délassement est aux bains et dans les visites qu'elles se rendent : c'est le moment de leur liberté ; car un mari ne peut entrer dans le bain où sont ses femmes, ni dans leur appartement quand il s'y trouve une étrangère. Elles ont bien soin de maintenir ce privilège ; et comme il est très-aisé à un jeune homme de se déguiser sous le masque et l'ample vêtement d'une Egyptienne, les rendez-vous amoureux y entrent aussi pour quelque chose. La vie du harem consiste principalement dans l'ostentation de

la parure : on s'habille , on se déshabille ,
on prend du café , on fume la pipe , on mange
des confitures et des pâtisseries , on danse
au son du tambourin et des castagnettes , on
roule un chapelet entre ses doigts , et l'on se
dit de temps en temps : *Salam alek; inte tayeb,
ana tayeb*, je te salue , si tu te portes bien ,
je me porte bien. La conversation s'égaye
par fois ; et comme ici on appelle sans détour
les choses par leur nom, dans d'autres pays,
et sur-tout en France, elle passerait pour très-
licencieuse. En commémoration de quelque
évènement d'importance , elles ont un cri
assez semblable à celui des nos dindons :
rien de plus comique que ces *ouloulous*
répétés par une multitude de femmes.

Elles vieillissent de très-bonne heure , et
à trente ans elles ont déjà perdu toute leur
fraîcheur. Les bains chauds qu'elles prennent
si fréquemment y contribuent beaucoup sans
doute ; et leur carrière qu'elles commencent
de si bonne heure peut aussi y entrer pour
quelque chose. Il en est beaucoup que l'on
marie dès l'âge de dix ans ; et il n'est pas
rare de voir passer ces jeunes plantes entre
les mains de septuagénaires. Elles sont très_

fécondes, et la stérilité est rare ; mais dès l'âge de trente - cinq à quarante ans elles perdent communément l'espoir de devenir mères. Les pâles couleurs et les indispositions qu'elles entraînent sont assez fréquentes chez les Egyptiennes qui mènent une vie trop sédentaire dans leurs maisons.

Les enfans tettent jusqu'à l'âge de deux ans et plus ; ils sont d'abord faibles et chétifs, et le rachitis en fait périr beaucoup pendant les trois premières années. Leur petit turban est couvert de pièces de monnaie, pour détourner sur ce métal les regards envieux ou malfaisans.. Ils sont presque toujours nus, filles et garçons, quelquefois jusqu'à l'âge de dix ou douze ans dans les campagnes. Au sortir de l'enfance, ils deviennent sanguins, robustes . et les organes de la génération sont bien développés. Leur grand plaisir est de se rouler dans la boue, et ils n'ont garde de chasser les mouches qui leur dévorent jusqu'à la prunelle des yeux. Ils ont sucé avec le lait l'habitude respectueuse de leurs parens pour les bêtes. On a vu des femmes se trouver mal en voyant tuer une mouche, et lorsqu'un poux pique trop fort un Egyptien, il se coutente de le jeter par terre, espérant, sans doute, que ce pauvre animal pourra se dédommager autre part de la nourriture dont il le prive.

Les garçons sont déjà très-lascifs dès l'âge de douze ans, et parmi le peuple et dans les campagnes, où il y a plus de liberté, ils trouvent aisément de quoi se satisfaire dans la complaisance de l'autre sexe.

Le genre de prostitution qui contrarie les lois de la nature, est fort commun ici, et ce vice chéri des Orientaux n'est pas une des moindres causes de l'abjection des femmes.

Les enfans dont les parens sont aisés, apprennent à lire, et quelques-uns à écrire. Ceux des Cobtes apprennent en outre le calcul; et ces connaissances bornées donnent à cette nation une grande influence dans la partie administrative, et sur-tout dans les impositions.

Le rachitis, la petite vérole et la peste sont les trois maladies qui dévorent la population dans ces climats. L'ophtalmie y est très-commune, mais elle n'est pas mortelle, et l'on en guérit très-facilement avec des précautions. On y voit cependant beaucoup de borgnes et d'aveugles, par suite du mal d'yeux ou de la petite vérole.

Je dois à la vérité de dire que ces maladies feraient beaucoup moins de ravage sans l'impéritie et l'insousciance des habitans; ils disent que cela vient de Dieu, et la plupart souffrent ou meurent, sans y apporter aucun remède. Leur médecine est, d'ailleurs, peu de chose ; c'est un fatras de remèdes empiriques ou superstitieux.

Les maladies vénériennes sont communément plus ou mois infuses dans le sang égyptien : les sueurs abondantes en diminuent heureusement l'intensité ; car on les abandonne à leurs progrès, de même que la lèpre et l'éléphantiasis. Cette dernière maladie est extrêmement rare pour le bonheur de l'espèce humaine : c'est bien le fléau le plus affreux dont elle puisse être affligée. On dit qu'après les métamorphoses les plus horribles et les plus dégoûtantes, le corps tombe en pourriture, et les parties se détachent les unes après les autres. Beaucoup d'Égyptiens sont affectés de hernies, vivent

long - temps avec de telles incommodités, et meurent sans avoir jamais songé
à se soulager : *C'est la volonté de Dieu*,
disent-ils.

Cependant , malgré la résignation au
destin, qui fait regarder les maladies comme
un châtiment envoyé de Dieu, les vieillards
et sur-tout les vieilles femmes ne laissent pas
que de distribuer des amulettes et des ta-
lismans contre tous les maux , et principalement contre les magiciens dont on croit
que les malades sont souvent victimes.

Il n'est guère possible d'assigner au juste
le plus haut terme de la vie dans un pays où
l'on ne tient point registre des naissances et
des morts; je crois cependant qu'il est à peu
près le même qu'en Europe : on voit assez de
vieillards , et tous assez bien portans.

Les trois principales religions, la juive,
la chrétienne et la musulmane, exercent leur
culte au Kaire, elles sont encore subdivisées
en sectes. La religion musulmane est la plus
étendue et la dominante ; les autres ne sont
que tolérées , et ne peuvent exercer leur
culte extérieurement. Parmi les chrétiens ,

les Cobtes sont les plus nombreux ; il y a peu de catholiques : Rome entretient cependant une maison de la propagande et un couvent de capucins.

L'ère des musulmans date de la fuite de Mahomet, quand il fut obligé de sortir de la Mekke, et c'est pour cela qu'on l'appelle hégyre, d'*hedjyret*, fuite. Comme ils ont pour mesure du temps les mouvemens de de la lune, leur année se trouve de onze jours plus courte que l'année solaire. Ainsi, le premier de l'an parcourt successivement chez eux toutes les saisons, par un mouvement rétrograde.

Les Grecs suivent le style julien, de sorte qu'ils se trouvent en retard de onze jours sur le style vulgaire ou grégorien : ils datent leur ère du premier octobre, de même que les chrétiens de Syrie.

Celle des Cobtes commence au 9 septembre, époque de la persécution exercée contre eux par l'empereur Dioclétien : leur style se nomme le style des martyrs. Leur année est, comme celle de la République française, composée de 12 mois de 30 jours chacun, de cinq jours complémentaires appelés *Nessim*, et d'un sixième appelé *Gabis* pour les années bissextiles.

Les juifs, encore plus avilis que les chrétiens, et d'ailleurs en petit nombre, sont à peu près comptés pour rien, et suivent l'ère de la domination sous laquelle ils vivent, quoiqu'ils en aient une à eux particulière.

Les musulmans ne se servent point de cloches pour inviter le peuple à la prière; ils ont pour cela des crieurs publics. Leurs voix, forte et sonore, parle bien plus au cœur que le son d'une cloche, et ce cri simultanée qui part de deux ou trois cens minarets excite au recueillement religieux. Le minaret répond à nos clochers, mais il est plus grêle et plus élevé. Une ou deux balustrades sont pratiquées vers le sommet : le muezzim, crieur public, en fait le tour, quand il appelle à la prière ; il commence toujours par la fameuse profession de foi de tout bon croyant : *Il n'y a de Dieu, que Dieu, et Mahomet est son prophète*. Il est expressément défendu au crieur de regarder sur les terrasses, et pour qu'il ne soit pas tenté d'enfreindre cette loi, on a soin,

autant que faire se peut, de le choisir
aveugle ; les hommes sont alors moins in-
quiets sur les charmes de leurs femmes. Les
mosquées sont assez majestueuses ; l'enceinte
en est ordinairement carrée et bien pavée,
mais aussi mal tenue que les maisons : il n'y
a d'autre ornement qu'une chaire, des co-
lonnades et des inscriptions qui contiennent
quelques versets remarquables du koran. On
trouve à côté un bassin pour les ablutions ;
car il faut qu'un musulman se lave avant
de faire la prière. Une grande ouverture,
pratiquée au milieu de la terrasse qui sert
en même temps de plafond, laisse une libre
circulation à l'air. Les femmes n'y sont point
admises ; et qu'y auraient-elles à faire ? Mahomet a promis des *houris* aux hommes après
leur mort ; il n'a rien promis aux femmes.
A côté de la mosquée, au bord de la terrasse,
au pied du minaret, on apperçoit des appartemens et des cellules qu'occupent les
prêtres de ce législateur. On ne peut rien
imaginer de plus dégoûtant. Les crieurs publics invitent cinq fois par jour le peuple à
la prière, avant le lever du soleil, à neuf
heures, à midi, à trois heures et après le

coucher du soleil. Alors le musulman prie souvent Dieu où il se trouve ; il étend son schall ou sa robe au milieu de la rue, d'une place, d'un café, etc., et fait ses prostrations de la manière la plus édifiante. Dans les mosquées, les fidèles psalmodient tous ensemble, et ils font par fois un sabbat épouvantable.

Les églises des chrétiens ne sont autre chose que des chapelles. Celle des Arméniens m'a paru la plus riche et la mieux entretenue. Les autres sont pleines de vermine et quelquefois d'ordures. Je suis sorti un jour d'une église des Cobtes au vieux Kaire, tellement couvert de puces, que je me vis réduit à les secouer par terre avec la main. Il y a dans cette ville une petite chapelle souterreine où l'on dit que la bonne vierge s'est retirée avec sa famille : c'est un nid à rats. On célèbre l'office en langue arabe, et les hommes prient Dieu à peu près comme nos théophilantropes, c'est-à-dire, en regardant de côté et d'autre. Comme il n'y a point de cloches pour appeler à la messe, ils partent machinalement à l'heure accoutumée pour se rendre à l'église, entrent restent et sortent de même : la plupart seraient bien embarrassés de dire pourquoi ils sont chrétiens. La seule chose qu'ils savent tous, c'est que les mahométans et les juifs sont des chiens : il est vrai que les uns et les autres leur rendent bien la pareille. Les femmes placées derrière un treillage en bois, s'y occupent un peu mieux ; leurs lèvres et leur langue ne cessent d'être en mouvement pendant toute la messe ; mais, à ce que m'a dit une Française qui s'y est trouvée quelquefois, c'est rarement de Dieu qu'elles s'occupent. On dit que le jour de l'Epiphanie le prêtre bénit de l'eau contenue dans un grand bassin, et s'y lave : les Cobtes s'y plongent ensuite, quelques-uns même en boivent. Les femmes s'y jettent à leur tour, et y jouent toutes nues ; celles du grand ton se contentent pourtant de se laver les mains et le visage. Il faut avouer que tout cela est aussi propre qu'édifiant.

Je n'ai point vu de synagogue ; mais il y a tout lieu de présumer que je n'ai pas beaucoup perdu, ni le lecteur non plus. Les juifs sont-ils gens à se piquer plus que les autres, de goût et de propreté.

Le koran permet à ses sectateurs quatre femmes légitimes. Un croyant peut encore prendre ou, pour mieux dire, louer des femmes du second ordre qu'il renvoie à volonté, et entretenir en outre autant d'esclaves que ses facultés le lui permettent : mais il faut qu'il dédommage en présens la perte que cette surabondance occasionne aux femmes légitimes, entre lesquels aussi il ne doit pas y avoir de préférence. Il est bien rare, à la vérité, qu'un musulman épouse à la fois quatre de ces dernières, mais enfin, lorsque cela est, il peut fort bien lui arriver d'être embarrassé pour satisfaire au précepte du koran, qui veut que l'époux couche avec sa femme tous les vendredis, sous peine de donner dans le ciel un chameau ou le prix d'un chameau.

Les mariages se font par procureur, et c'est le mari qui dote sa femme, usage qui ne peut que contribuer à la faire considérer comme son esclave. Ensuite, la mariée, accompagnée de ses parens et amis, est conduite pompeusement sous un dais à la maison de son époux, au son des instrumens et des ouloulous dont j'ai déjà parlé, et qui

frappent si gracieusement l'oreille. La victime ignore encore comment elle sera reçue
de son tyran qu'elle n'a jamais vu , et qui
lui-même la voit pour la première fois. On
conçoit qu'avec de pareils usages le divorce
est nécessaire ; il a lieu quelquefois le lendemain des nôces : le mari en est quitte pour
l'abandon de la somme promise. La femme
peut aussi demander et obtenir le divorce ;
c'est le seul cas où les lois ont cherché à
adoucir l'amertume de son esclavage : mais
alors elle est obligée de renoncer à sa dot.
L'effendy , après avoir entendu les parties,
leur délivre un bout de papier qui constitue leur désunion : après quoi les époux
sont libres de convoler à de secondes noces.

Dans les unions , on ne tient ni à la richesse , ni à la naissance. La veuve d'un
homme considérable épouse souvent un des
premiers esclaves de son mari ; et il n'est
pas rare de voir un père marier de même
sa fille. Elles y gagnent du côté de la liberté ; car alors , comme nous avons dit ,
elles sont ordinairement les maîtresses. Je
ne dois pas oublier de dire que ces mariages n'ont lieu qu'avec des esclaves blancs.

Les

Les filles libres qui deviennent enceintes sont enfermées dans un sac, et jettées à l'eau. Je doute cependant qu'on exécute toujours cette loi à la rigueur.

Il est très-difficile de convaincre de viol ou d'adultère ; car il faut quatre témoins qui s'accordent à déposer qu'on ne pouvait passer un fil entre les accusés ; et si l'accusateur ne peut point le prouver, il reçoit quatre-vingt coups de fouet.

Le koran est la base et la règle des jugemens en matières civile et religieuse. Les parties plaident elles - mêmes avec assez d'adresse ; le cady prononce ensuite. On est quelquefois plus expéditif, et lorsque l'agha dans sa tournée surprend quelqu'un en flagrant délit, il lui fait souvent trancher la tête , sans autre forme de procès.

L'Egypte, depuis Assouan sous le tropique jusques au Kaire , n'est autre chose qu'une vallée de plus de cent cinquante lieues de longueur sur trois ou quatre de largeur , enclavée entre deux chaînes de petites montagnes

L

dont les gorges sont peuplées d'Arabes, et dont le parallèle finit près de la capitale où elles commencent à prendre une direction divergente. Le Nil coule au milieu, et le Delta se forme un peu plus bas, comme nous l'avons dit, par la séparation de ce fleuve en deux branches principales dont l'une descend à Damiette, et l'autre à Rosette, villes distantes d'environ vingt-huit lieues l'une de l'autre,

Le Delta dont les terres sont beaucoup plus basses que dans les autres parties de l'Egypte, est toujours cultivé; mais il n'est pas moins vrai de dire que la végétation y est plus belle et plus abondante après la retraite des eaux, c'est-à-dire vers le mois de novembre. Pour donner une idée générale de cette contrée, de sa fertilité et de ses métamorphoses, nous croyons devoir citer ici la lettre d'Amrou, conquérant de l'Egypte, au calyfe O'mar qui lui en demandait un tableau assez frappant pour qu'il crût voir le pays de ses propres yeux.

Le Calife O'MAR EBN EL-KHATTAL,
successeur d'Abou-Bekre,

A AMROU Ebn-Aas, SON Lieutenant.

O Amrou , ebn el-A'as , ce que je desire de toi , à la réception de la présente , c'est que tu me fasses un tableau de l'Egypte assez exact et assez frappant , pour que je puisse m'imaginer voir de mes propres yeux cette belle contrée. Salut.

Réponse d'AMROU.

An nom de Dieu clément et miséricordieux.

O prince des fidèles , peins-toi un désert aride et une campagne magnifique au milieu de deux montagnes dont l'une a la forme d'un monticule de sable , et l'autre du ventre d'un cheval maigre , ou bien du dos d'un chameau.

Telle est l'Egypte. Toutes ses productions et toutes ses richesses , depuis Isoan jusqu'à Mencha. (*Depuis Assouan jusqu' aux*

L 2

frontières de Gaza) viennent d'un fleuve béni qui coule au milieu d'elle. Le moment de la crue et de la diminution de ses eaux est aussi réglé que le cours du soleil et de la lune.

Il y a un temps fixe où toutes les sources de l'univers viennent payer à ce roi des fleuves le tribut auquel la providence les a assujetties envers lui. Alors, ses eaux augmentent ; elles sortent de son lit, et elles couvrent toute la surface de l'Egypte, pour y déposer un limon productif. Il n'y a plus de communication d'un village à l'autre, que par le moyen de barques légères, aussi innombrables que les feuilles de palmiers.

Ensuite, lorsqu'arrive le moment où ses eaux cessent d'être nécessaires à la fertilisation du sol, ce fleuve docile rentre dans les bornes que le destin lui a prescrites, pour laisser recueillir les trésors qu'il a cachés dans la terre.

Un peuple protégé du ciel, et qui, semblable à l'abeille, ne paraît destiné qu'à travailler pour les autres, sans profiter lui-même du fruit de ses peines et de ses sueurs, ouvre légèrement les entrailles de la terre, et y dépose des semences dont il attend la prospérité, de la bienfaisance de cet être suprême qui fait croître et mûrir les moissons. Le germe se développe, la tige s'élève, son épi se forme par le secours d'une rosée bénigne qui supplée aux pluies, et qui entretient le suc nourricier dont le sol s'est abreuvé.

A la plus abondante récolte succède tout-à-coup la stérilité.

C'est ainsi que l'Egypte offre successivement, ô prince des fidèles, l'image d'un désert aride et sabloneux, d'une plaine liquide et argentée, d'un marécage couvert d'un limon noir et épais, d'une prairie verte et ondoyante, d'un parterre orné des fleurs les plus variées, et d'un vaste champ couvert de moissons jaunissantes. Béni soit à jamais le nom du créateur de tant de merveilles!

Trois choses contribuent essentiellement à la prospérité de l'Egypte, et au bonheur de ses enfans. La première est de ne point adopter des projets tendans à l'augmentation de l'impôt, la seconde d'employer le tiers des revenus à l'entretien des canaux, des digues et des ponts, et la troisième de ne lever l'impôt qu'en nature sur les fruits que la terre produit. Salut.

Ici, la nourriture n'est pas aussi bonne qu'en Europe. Le bœuf est rare, et sa chair est bien loin d'être excellente; celle du buffle est sèche et filandreuse : quoique cet animal soit plus commun que le bœuf, le temps viendra où il faudra s'en priver davantage; car il n'y a pas de doute que nous en consommons plus dans un jour que ne faisaient les Egyptiens dans un an. Le mouton, sans en excepter celui à large queue, ne vaut pas le nôtre. On mange aussi des lapins et des chèvres : ces dernières sont très-communes et d'espèces variées. On dit qu'il y a du lièvre, je n'en ai jamais vu ; mais j'ai mangé du sanglier. Les poules, poulets et pigeons s'y trouvent en abondance : leur chair est sèche aussi, et souvent filandreuse. Le poisson du Nil est assez commun, mais il a un goût fade et la chair molle, si l'on excepte le variole qui est un peu meilleur. Ce fleuve donne aussi des anguilles. Les poules d'eau et les canards sauvages sont bons. Les légumes les plus communs sont les pois chiches et les fèves, nourriture ordinaire des pauvres, les haricots, les aubergines, les concombres, les melons, les pastèques, les choux, les navets, les radis, la laitue, le pourpier, la roquette, les choux - fleurs, et quelques autres ; mais la végétation en est si rapide, qu'ils n'ont point ce suc et cette saveur qu'on remarque en Europe. En général, les viandes et les légumes sont peu succulens en Egypte, et puis c'est mal préparé. Il n'y a que trois sortes de fruits bien bons, les raisins dont le grain approche quelquefois de la grosseur d'une aveline, les bananes et les dattes fraîches. Nous avons dit que l'Egypte ne produisait ni pommes ni poires ; elle ne produit pas non plus de cerises. Les noix et les noisettes viennent également de l'étranger.

Les Egyptiens cueillent les fruits et les légumes avant leur maturité, et ils les mangent verts, comme les bêtes l'herbe.

Nous venons d'apprendre que Bonaparte a

levé le siège de St.-Jean-d'Acre, après avoir fait de grands dégâts dans cette ville; et que l'armée, dans son retour, brûle et détruit de manière à ne laisser à l'ennemi aucune possibilité de venir nous attaquer par terre, au moins de long-temps. Le pacha d'Acre a reçu dans cette occasion une leçon dont il se souviendra sans doute; mais, si elle n'a pas été aussi complette qu'on aurait pu s'y attendre, on l'attribue principalement à la mésintelligence qui régnait entre le génie et l'artillerie: on dit aussi que le général Kléber s'est montré peu disposé à seconder les opérations du général en chef.

Loin de démolir El-A'rych, comme il a fait les autres places, Bonaparte a ordonné qu'on le fortifiât de plus en plus. Il y a quarante lieues de désert entre ce fort et les terres cultivées d'Égypte. El-A'rych était sous la dépendance du gouvernement égyptien, quoiqu'il fût sur les frontières de la Syrie; et le général a jugé nécessaire de le conserver.

Les vents du nord soufflent assez régulièrement en Égypte, pendant l'été, c'est-à-dire, pendant sept à huit mois, et c'est

ce qui rend les chaleurs supportables ; car
non seulement il ne pleut point pendant
cette saison, mais encore il est bien rare de
voir des nuages. L'hiver, il pleut assez souvent sur les côtes de la Méditerranée, presque point dans l'intérieur ; il n'a plu que
deux fois au Kaire cette année, et seulement pendant quelques minutes. Point de
neige, point de glace ; la grêle et les orages
n'affligent pas non plus ces contrées. Quelques coups de tonnerre se sont fait entendre une fois, mais faiblement et comme
dans le lointain. Les Égyptiens pensent
alors que les portes du paradis sont ouvertes, et ils remercient Dieu d'un si rare
bienfait.

L'hiver est sans contredit plus beau que
l'été de nos provinces septentrionales ; mais
les nuits sont froides, et l'on y est d'autant
plus sensible qu'une transpiration forte et
presque continuelle a rendu le corps extrêmement délicat aux impressions de l'air : il
semble que le froid pénètre jusques dans
la moëlle des os. On ne se chauffe point ici,
et il n'y a point de cheminées. Il n'est pas

rare cependant de voir, le matin et le soir de certains jours un peu plus rigoureux, les portiers et autres gens du peuple ramassés autour d'un fagot ou autres misères semblables qu'ils font brûler au milieu de la cour ou de la rue.

Les vents varient communément de l'est au sud et sud-ouest pendant les quatre autres mois de l'année, et c'est ordinairement depuis décembre jusqu'en avril. Ces vents sont chauds et mal sains ; il en est un surtout dont la durée serait une calamité publique, je veux dire le *Khramsin*, mot qui signifie la cinquantaine, parce qu'on prétend que son règne est renfermé dans un espace de cinquante jours, vers les mois de mars et avril (ventôse et germinal de l'ère nouvelle). On assure que ce vent n'a jamais soufflé trois jours de suite, sans interruption ; je crois même qu'alors tout périrait. Quand il donne, l'air est rempli d'une poussière fine et déliée, et le ciel paraît tout en feu : ses raffales brûlent le visage, comme les bouffées d'une fournaise ardente ; on éprouve un mal-aise général, et l'on a de la peine à respirer. Son souffle empoisonné fait éclore les maladies et surtout la peste; et si elle exerce déjà ses ravages, elle redouble alors d'intensité. Cette épidémie ne s'est point fait sentir au Kaire cette année-ci ; mais elle a affligé pendant quelque temps les villes d'Alexandrie et de Damiette : on dit aussi qu'elle a fait beaucoup de mal en Syrie.

Comme il s'est manifesté quelques symptômes de cette maladie aux environs du Kaire, on vient d'employer un remède un peu violent, pour empêcher qu'elle ne se communique parmi nous. Toutes les femmes publiques qui sont surprises en relation avec des Français, sont enfermées dans un sac, et jettées à l'eau.

Cette espèce de femmes ne manque pas ici, mais leur trafic diffère un peu de celui qui se pratique à Paris. C'est un homme qui les procure, et qui les conduit chez le chaland, montées ordinairement sur des ânes : elles restent tant qu'on veut les garder. Elles sont, d'ailleurs, on ne peut pas plus dévergondées ; et l'on a vu des filles de douze ans se mettre toutes nues au milieu de la place, pour quelques paras.

L'armée de Syrie est rentrée au Kaire le 26 prairial au matin. Les cheykhs et les diverses corporations de cette capitale, ainsi que les Français qui y résident, se sont transportés au devant jusqu'à la Coubbéh, à une heure de marche de la ville. Le teint de ceux qui faisaient partie de cette expédition avait été tellement bruni par l'ardeur du soleil dans le désert, et ils s'étaient tellement habitués à cette couleur, que nous leur parûmes pâles et malades. L'armée a fait son entrée par la porte de la Victoire, chaque soldat portant une palme à son casque. On a amené quelques prisonniers.

Il paraît que nous avons perdu beaucoup de monde et de braves gens dans cette expédition, tant par la guerre, que par les maladies et la fatigue ; mais nous pensons aussi qu'on s'est plu à en exagérer le nombre. Bonaparte a eu principalement à regretter le général Cafarelli qui, à un grand mérite joignait beaucoup de zèle, de courage et d'ardeur, et le citoyen Venture, interprète général, qui lui était infiniment nécessaire par la profonde connaissance qu'il avait du pays : le premier fut mortellement blessé à la brèche devant Saint-Jean-d'Acre, ainsi que son ami Say qui lui a fort peu survécu ; le second est mort de maladie.

Il faut espérer que les Bédouins seront à présent plus circonspects. Pendant l'absence du général en chef, ils avaient eu plusieurs fois l'audace de s'avancer jusques aux portes de la ville.

On vient de surprendre près du Mokattam un parti de trente Mekkois : deux seulement ont échappé à la mort. Nous n'avons perdu personne.

Le général Murat vient aussi d'envelopper une quarantaine de Mamlouks ; on en a tué et blessé plusieurs ; les autres, après une opiniâtre résistance, se sont rendus prisonniers. Selym Cachef, un des chefs les plus redoutables, est de ce nombre. Il n'a jamais voulu se rendre à des Arabes qui éclairaient la marche du détachement, et combattaient avec les Français ; il a de-

mandé à être conduit au général Murat
qui lui a laissé ses armes et son cheval, et
lui a donné une place dans sa tente. Selym
Cachef, prisonnier sur sa parole, a senti
la générosité de ce procédé, et n'a point
cherché à en abuser, quoiqu'il galoppât
souvent en avant de la colonne. Les Arabes
voulaient qu'on lui coupât la tête, et plusieurs d'entr'eux s'étaient offerts pour exé-
cuteurs.

Le général Lagrange en a encore surpris
deux à trois cens dans la vallée de *Sebah
Byar*, des sept puits. Ils n'ont eu que le
temps de se sauver dans le désert, en abandonnant leur camp et tous leurs équipages.
Quelques-uns ont été tués ou blessés, et
trois faits prisonniers.

On avait également pris des dispositions
pour envelopper Mourad-Bey qui venait
de passer à la hauteur de Gyzéh, pour
se rendre dans la basse Egypte; mais ce
bey, apparemment instruit de nos mouvemens par les Arabes, a remonté dans la
haute Egypte deux jours après.

Il était sans doute instruit des projets

hostiles de nos ennemis, et il voulait opé-
rer sa jonction avec eux, ou peut-être profiter d'une occasion favorable pour har-
celer nos derrières ; car nous venons d'apprendre que quinze mille Turcks ont débarqué près d'Abou-Kyr, le 26 messidor.

Bonaparte a été de suite à leur rencontre ;
le 7 thermidor, il les a attaqués, culbutés
et noyés dans la mer, au nombre de douze
mille ; les autres, retirés dans le fort d'A-
bou-Kyr, ont été faits prisonniers après un
siège de sept jours. Nous avons en notre
pouvoir Moustaffa pacha, leur général, son
fils et autres personnes de marque. Il n'a
pas échappé un seul homme de cette armée
d'élite, pour apporter aux Turks la nouvelle de cette défaite ; et Bonaparte a vengé
glorieusement le nom français de la victoire navale que les Anglais avaient rem-
portée sur nous, l'année précédente, dans
la rade du même nom, et à peu près à la
même époque.

Le général en chef vient de faire partir
deux commissions des sciences et arts pour
la haute Egypte, à l'effet de visiter les mo-

numens d'antiquité qui existent dans cette contrée célèbre. Ces commissions feront beaucoup sans doute, mais leurs recherches eussent été bien plus fructueuses avec une parfaite connaissance de la langue. Un jeune homme, le citoyen Vincent, pria quelqu'un de lui traduire, pour, à ce qu'il dit, la commission dont il était membre, les questions suivantes qu'on se proposait de faire danss ces excursions scientifiques. Je les ai copiées mot pour mot ; les voici : *Comment se nomment ces ruines dans le pays ? -- Ce village est-il occupé par des Arabes ? -- Cultive-t-on beaucoup cette plante ? -- De quel pays en vient la graine ? -- Quel est le caractère des habitans de cet endroit ? -- Sont-ils trompeurs, doux, méchans ? -- Sont-ils à craindre ? -- Doit-on s'en défier ? -- A quel usage emploie-t-on cette plante, cette graine ? -- Comment s'en sert-on ? -- Combien faut-il de cette graine, pour ensemencer un feddam de terre ?*

Il n'est personne qui ne sente que ces questions ne peuvent suffire pour porter la lumière, même avec le secours des anciens voyageurs

voyageurs, sur des sujets dont la connaissance est souvent enveloppée des plus épaisses ténèbres; et que par rapport aux mœurs et usages, ces questions sont encore susceptibles de beaucoup de variations que nécessitent les circonstances. Du moins fallait-il prendre des interprètes, et des interprètes plus que machines; ce qui, il faut en convenir, n'était pas trop facile.

La première chose qu'on aurait dû faire en occupant le pays, c'eût été de faire imprimer une grammaire et un vocabulaire français et arabes. On en a parlé une fois à l'Institut; on devait s'en occuper, et l'on n'en a rien fait. Il vient de sortir à la fin un misérable vocabulaire, mal fait, indigeste, et contenant à peine le quart des mots usuels; il n'a pu servir à personne. Cependant, de quel profit ne serait pas la connaissance de la langue arabe pour l'étude du pays, sans parler des rixes qui surviennent presque toujours, faute d'éclaircissemens, rixes qui ne peuvent que laisser des fermens d'aigreur, et dont 'Egyptien, d'ailleurs fort entêté, paye quelquefois les frais de sa personne.

On annonce encore une grande défaite de

M

Mourad-Bey dans la haute Egypte. On a pri
son camp, ses équipages, et passé au fil d
l'épée un grand nombre de Mamlouks : ce
prince n'a eu que le temps, à la faveur de
l'obscurité, de se dérober, en abandonnant
tout jusqu'à son casque et ses pantoufles.
Mais ce bey infatigable trouvera encore des
ressources, pour se relever de cette défaite.

Les Anglais ont attaqué Cosseyr par la
mer Rouge ; trois fois ils ont effectué leur
descente, trois fois ils ont été repoussés
vivement, et se sont rembarqués dans le plus
grand désordre. Après un feu non interrompu
de soixante-quatre heures, ils ont pris le
large, et ont disparu. Dans le port seulement
on a ramassé plus de six mille boulets, depuis
le calibre de 24 jusqu'à celui de 8. Parmi les
troupes anglaises on a remarqué beaucoup
de Cipayes.

DÉPART DE BONAPARTE.

Commandement de KLÉBER.

LE général en chef étant parti pour Menouf, d'où il doit, dit-on, visiter le Delta, et faire faire des recherches sur un meilleur système d'irrigation, l'ouverture du *Kralydj*, canal, a eu lieu, le 6 fructidor, sous les ordres du général Dugua, commandant la place du Kaire. Cette ouverture s'est faite avec assez de solemnité. Le général Dugua, accompagné de l'état-major de la place, des autorités françaises et musulmanes, des administrations de l'armée, et escorté par deux compagnies de grenadiers, et cent hommes de cavalerie, s'est rendu au Kioske qui est à l'entrée du canal : un bataillon était sous les armes dans l'île de Raoudah. La musique a joué pendant toute la cérémonie ; les barques armées et pavoisées qui environnaient une djerme décorée pour la fête, ont tiré plusieurs coups de canon, auxquels les forts de la Prise-d'eau et du Mekyas ont répondu.

La réunion immense du peuple accouru à cette fête, la diversité des costumes, un beau ciel, le site pittoresque du Kioske et des monticules voisins, offrent un tableau très-varié et très-agréable : beaucoup de personnes s'y étaient rendues dès la veille, et avaient passé la nuit dans les divertissemens.

La digue n'est pas encore à moitié coupée, que des barques s'élancent dans le nouveau canal ; le peuple y joue et se dispute les pièces de monnaie que jette le général ; et quoiqu'il reste toujours quelque mal avisé au fond du canal, les autres ne continuent pas moins de faire des folies. Ils suivent ensuite le premier courant de l'eau, et traversent ainsi la ville du Kaire ; les barques viennent de près. On n'entend par-tout que chansons ou le bruit des instrumens. C'est à qui boira de cette eau dégoûtante par les ordures qu'elle ramasse ; on y plonge les enfans, les infirmes qui ne s'en portent pas mieux. La vénération pour le fleuve et la joie de sa bien venue sont au comble : c'est la fête de toutes les sectes et de toutes les religions.

Autrefois les Cobtes, qui tenaient cet usage de leurs ancêtres payens, donnaient ce jour là au Nil une jeune fille en mariage. La victime parée était jettée pompeusement dans le lit du Dieu, honneur dont elle se serait bien passée, sans doute. Les Arabes, après leur conquête, abolirent cet usage barbare.

Nous allons rapporter ici le procès-verbal de la rupture de la digue, et de l'acte qui constate que le myry est dû par le peuple d'Egypte. Cette pièce m'a paru digne de la curiosité du lecteur.

HHAMED EL-HARICHY, Cady de la ville du Kaire la bien gardée.

« Voici ce qui a eu lieu dans la séance de la noble justice, et dans l'assemblée des cheykhs de la religion conservée par Dieu, préservée de changemens et d'innovations, convoquée dans le Kasr, situé à l'embouchure du canal el-Hakemy, entre le vieux ‛aire et Boulac, par le pouvoir de notre

seigneur, maître, l'illustre savant des musulmans, accompli dans la science, plein
de conception, soutien de la religion de
Mohammed, bonheur de l'univers, pré-
voyant dans l'application de la loi, juge
des juges, actuellement au Kaire la bien
gardée, dont le nom est ci-dessus : sa gloire
soit conservée et toujours accrue !

» En présence du très-grand maître, le
plus instruit, honoré, respecté, honneur des
nobles descendans de Sadyk, étoile brillante
de leur gloire dans la vérité, branche de
l'arbre chéri, purifié, brodure honorée du
turban de Mohhamed, protecteur des gens
de bien, attaché aux gens de la vérité,
croyant en la bonté de son Dieu créateur,
notre seigneur et maître seyd et schéryf
Khralil Effendy el-Bekry el-Sadyky el-Akary
de la race de Hassan, cheykh de la charge
de ses ancêtres, nos seigneurs parmi les sa-
dyks et protecteurs des nobles schéryfs,
présentement au Kaire ;

» De notre seigneur et maître, cheykh,
premier savant des savans, empressé de
communiquer la science à ceux qui la dé-
sirent, appui des étudians, colonne des

vrais croyans, bénédiction des musulmans, héritier de la science du maître des apôtres, ornement de la loi, de la nation et de la religion, notre maître le cheykh A'bd-Allah ech-Cherkaouy, cheykh des cheykhs qui se rendent utiles, et de ceux qui donnent des décisions et des leçons dans la mosquée d'el-Azhar ;

– De notre seigneur et maître, honneur des savans et de la science, colonne de vérité, plein d'intelligence, appui des grands instructeurs, esprit de son temps, unique de son siècle, écho pour communiquer les sciences, habile dans sa langue, savant réputé des savans, notre maître, cheykh, soleil de la religion, Mohhammed el-Afnahouy, connu sous le respectable nom de el-Meohdy (*le Retrouvé*) ;

– De notre seigneur et maître, le savant des savans, océan de lumières, langue des orateurs, jardin des gens d'esprit, appui des instructeurs, colonne de vérité, héritier de la science du maître des apôtres, ornement de la loi, de la nation et de la religion, notre maître, cheyk Moustaffa es-Sahouy, œil des plus clairvoyans parmi ceux qui se rendent utiles , qui donnent des décisions et des leçons dans la mosquée d'el-Azhar ;

» Dieu nous les conserve pour la continuation des biens qu'ils nous procurent ! *Amyn* ;

» Et du plus honoré riche, illustre parmi les grands , œil clairvoyant parmi les plus respectables , les plus grands dans les rangs élevés , le prince Moustaffa agha , A'bd er-Rahhman, agha du corps des janissaires du Kaire ;

» De la branche de l'arbre chéri , brodure honorée du turban du prophète, l'honorable négociant , le seyd , le schéryf Agyh Ahhmed , connu sous le nom de *Marouky* , le plus grand du corps des négocians au Kaire ;

» De l'honoré parmi les riches et renommés , le plus distingué parmi les respectables , l'illustre , l'excellent , le prince Hassan agha Bekraty metesseb au Kaire ;

» De l'honoré parmi les égaux et renommés , distingués , respectables , l'illustre , l'excellent , le prince A'ly agha Charahouy ; protecteur du Kaire la bien gardée ;

» De l'honoré de ses égaux , le respectable emyr Yousef Bayh-Chaous Tuffekgiau ;

» De l'illustre , respecté , émyr Yousef Bach-Chaour Ahyatem ;

» De l'honoré parmi les plus grands , Moustaffa, agha Hattal Bacharkihyar, Nut-Farakah ;

» Du vénérable vieillard émyr Moustaffa effendy , premier écrivain du corps de Nut-Farallah ;

» De l'illustre et respecté émyr Ibrahym, kyayah Azabau ;

» Du fameux parmi les gens de plume les plus distingués, le plus respecté parmi les grands , l'illustre , l'honoré émyr Ismahin , effendy , khateb Ahoualch ;

» Enfin , d'une très-grande assemblée , composée de plusieurs autres personnes qu'il serait trop long de nommer , quoique toutes très-respectables. *Amyn.*

» Le jour béni , vendredi 19 du mois de mechyr cobte , qui est le dernier de l'an 1215 du myry (el-krahragiéh) , et qui revient au 21 du mois de rabyh el-aouel e l'an 1214 de l'hégyre, ce jour étant celui e la date mise au bas du présent acte ;

il a été fait en présence de la puissanc
honorable du fameux gouverneur le général
Dugua, commandant la ville du Kaire la
bien gardée : Dieu fasse couler le bonheur
par ses mains ! *Amyn.*

» Le béni Nil s'est accompli par la faveur du Dieu très-grand, adorable, plein
de bonté pour ses créatures, et miséricordieux pour les hommes. De tout ce, nous
nous sommes réjouis dans les plus grandes
joies, et consolés dans les plus grandes consolations, suppliant et priant Dieu de nous
combler de ses bienfaits et faveurs, lui
rendant graces de toutes ses bontés envers
ses créatures, et qui font l'objet de tous
nos vœux.

» L'eau bienfaisante du fleuve a monté
cette année à seize deraa' et sept doigts,
comme il est appert suivant l'indice des
mesures de la colonne accomplie, et d'a-
près les annonces du cheykh Moustaffa,
le mesureur et directeur de la salle du
mekyas de Raoudah.

» Ledit jour, après le lever du soleil,
la digue du khralydj a été rompue, et
l'eau a coulé dans le canal el-Hakemy,

comme de coutume de haute antiquité. Nous avons loué Dieu de ce que le Nil a atteint la hauteur de seize deraa' et sept doigts, de ce que la digue a été rompue, et que l'eau a coulé dans le canal, ainsi qu'il vient d'être dit.

» En conséquence, les propriétaires de toute l'Egypte sont tenus au droit du myry, des denrées destinées à la Mekke et lieux saints, du Kessouéh et de tous les autres droits, suivant les anciens usages, pour l'an 1214 de khrahragiéh, envers celui qui commande les provinces, et qui en fera la demande. Cela est nécessaire.

» Les propriétaires de toute l'Egypte sont obligés de payer tous les droits du myry, les denrées, suivant les anciens usages, pour ladite année. C'est une dette contractée envers celui qui commande, et qui en fera la demande : on doit l'acquitter, comme ci-devant, sans délais, ni retards; c'est la volonté de la loi.

» En date du jour béni, le 21 du mois de rabyh el-aouel de l'an 1214 de krahragyéh (de l'hégyre). Graces soient rendues

au Dieu créateur et tout-puissant qui voit
et tient compte de toutes nos actions. (*Suivent les signatures*)».

Le khralydj , en traversant le Kaire du
midi au nord, inonde la place Byrket el-Fyl,
et au sortir de la ville il se divise en deux
branches dont la principale court sur Belbeys dans la même direction , et l'autre se
repliant revient aux portes du Kaire à
l'ouest , donne ses eaux à la grande place
Ezbekyéh, et va ensuite submerger les campagnes entre la capitale et Boulac. J'ai été
avec un de mes amis examiner l'arrivée des
eaux dans ce dernier canal. Le sol est si profondément gercé , que l'eau qui coule sous
terre précède d'une distance considérable
celle qui paraît à la surface. On s'en apperçoit d'abord à la poussière, qui sort des cre-
vasses , et à la retraite rapide d'animaux et
d'insectes de toute espèce. On n'en voit pas
moins charrier une quantité prodigieuse des
plus paresseux ou des moins clairvoyans, par
les premières eaux qui coulent au dessus du
sol : c'est une déroute générale pour ces petits animaux , mais bien nécessaire dans un

pays où ils sont d'autant plus multipliés, que toutes les saisons leur sont favorables. Nous avons vu en cette occasion une chose qu'on se refusera à croire ; parce qu'elle est invraisemblable. De jeunes garçons qui s'amusaient dans le canal, avaient pris deux petits scorpions qui cherchaient sans doute à se soustraire à la poursuite des eaux. Ces jeunes gens jouaient avec eux , et les faisaient promener sur leurs mains. Comme nous leur témoignâmes notre surprise , en leur observant que ces animaux étaient mauvais, et qu'ils pourraient leur faire du mal, *non , ce n'est pas mauvais* , dit l'un d'eux , *c'est bon* ; et il en avale un , pour nous le prouver. Qu'on juge de notre étonnement ! *Est-ce que tu l'as mangé* , lui dis-je ? -- *Oui* , répondit-il , et , sans autre préambule, ce petit garçon fit subir le même sort au dernier. Il est vrai , comme nous aurons occasion de le voir , que les Egyptiens vivent familièrement avec toute espèce d'animaux, et qu'ils n'en redoutent point les atteintes ; mais les manger vivans me parut un peu fort, quoique les voyageurs en eussent déjà touché quelque chose au sujet des psylles.

ORDRE du Jour de la place du Kaire, d
12 Fructidor an 7.

Tout annonce que le général Bonaparte est parti pour France ; il a reçu dans sa tournée des ordres pressans du Gouvernement : son absence ne doit causer aucune inquiétude aux Français ni aux Egyptiens; toutes ses actions n'auront pour but que le bonheur des uns et des autres , et le général qui le remplacera, a déjà la confiance de l'armée.

Le général de division ,

Signé C. F. J. DUGUA.

Le lendemain on reçut au Kaire les deux proclamations suivantes du général en en chef :

Au quartier général d'Alexandrie, le 4 Fructidor an 7.

BONAPARTE, GÉNÉRAL EN CHEF,

A l'Armée.

Les nouvelles d'Europe m'ont décidé à partir pour France. Je laisse le commandement de l'armée au général Kléber. L'armée aura bientôt de mes nouvelles ; je ne puis en dire davantage. Il me coûte de quitter les soldats auxquels je suis le plus attaché ; mais ce ne sera que momentanément, et le général que je leur laisse, a la confiance du Gouvernement et la mienne.

Signé BONAPARTE.

Par ordre du général en chef,

Signé ALEX. BERTHIER, *Général de division , chef de l'État-major général ,*

Pour copie conforme :

L'Adjudant général SORNET.

BONAPARTE , *Membre de l'Institut national, Général en Chef.*

Au nom de Dieu , clément et miséricordieux.

Au DIVAN *du Kaire, choisi parmi les plus éclairés et les plus sages.*

Ayant été instruit que mon escadre était rête , et qu'une armée formidable était

embarquée dessus ; convaincu , comme je
vous l'ai plusieurs fois dit , que tant que
je ne frapperai pas un coup qui écrase
à la fois tous mes ennemis , je ne pourrai
jouir tranquillement et paisiblement de la
possession de l'Egypte , la plus belle partie
du monde, j'ai pris le parti d'aller me mettre
à la tête de mon escadre, laissant le commandement , pendant mon absence , au
général Kléber , homme d'un mérite distingué , et auquel j'ai recommandé d'avoir
pour les u'lémas et les cheykhs la même
amitié que moi. Faites ce qu'il vous sera
possible pour que le peuble d'Egypte ait en
lui la même confiance qu'il avait en moi,
et qu'à mon retour, qui sera dans deux ou
trois mois , je sois content du peuple d'E-
gypte, et que je n'aie que des louanges
et des récompenses à donner aux cheykhs.

Signé BONAPARTE.

Pour copie conforme :

Le Général de division, C. F. J. DUGUA.

Cette nouvelle a jeté dans la consternation
les amis de Bonaparte : son nom en avait
entraîné

entraîné plusieurs dans cette expédition; son départ les a découragés. On croit que c'est le mauvais état des affaires de la République, qui lui a fait prendre ce parti. Son successeur ne s'est point trouvé à ce départ, mais il a eu une longue conférence avec le général Menou à qui Bonaparte avait laissé ses instructions. On dit, et une personne digne de foi m'a assuré l'avoir entendu, qu'il s'est permis les déclamations les plus virulentes contre son ex-général, lorsqu'il a appris ce voyage qu'il a traité de fuite. Kléber est un excellent général, et l'un des plus beaux hommes de guerre que l'on connaisse : on dirait le dieu Mars, quand il est à la tête de son armée. Fier de ces avantages, il serait difficile de lui persuader qu'il existe un homme au dessus de lui, et son orgueil s'irrite de la haute réputation que Bonaparte s'est acquise. Le directoire a, je ne sais pourquoi, composé cette expédition, partie de l'armée du Rhin, partie de l'armée d'Italie. La division du Rhin est pour Kléber qui y a commandé avec distinction. Ce général désapprouvait hautement l'expédition d'E-e, qu'on attribuait sourdement à l'ambition de Bonaparte ; et son parti grossissait chaque jour par le mal-aise qu'on éprouve en ces climats , et où l'on est comme en exil. On est surpris que Bonaparte ait conféré le commandement à son ennemi , car il ne pouvait pas l'ignorer ; et qu'il ne l'ait pas plutôt confié à Désaix , plus modeste, mais aussi bon général que Kléber, et ne jouissant pas moins que lui de la confiance du soldat. Il faut croire que Bonaparte, qui ne fait rien sans motif, n'aura pas voulu mécontenter un parti considérable, et qu'il s'est reposé sur l'honneur et la loyauté de son successeur. Qnoi qu'il en soit, voici la proclamation que le nouveau général a faite à l'armée, à son arrivée au Kaire

Au quartier général du Kaire , le 14 Fructidor an 7.

KLÉBER, GÉNÉRAL EN CHEF,

A l'Armée.

Soldats !

Des motifs impérieux ont déterminé le général en chef Bonaparte à passer en France.

Les dangers que présente une navigation entreprise dans une saison peu favorable, sur une mer couverte d'ennemis , n'ont pu l'arrêter : il s'agissait de votre bien-être.

Soldats , un puissant secours va vous arriver, ou bien une paix glorieuse, une paix digne de vous et de vos travaux , va vous ramener dans votre patrie.

En recevant le fardeau dont Bonaparte était chargé , j'en ai senti l'importance et tout ce qu'il avait de pénible ; mais, appréciant d'un autre côté votre valeur tant de fois couronnée par les plus brillans succès ; appréciant votre constante patience à braver tous les maux , à supporter toutes les privations ; appréciant enfin tout ce qu'avec de tels soldats l'on peut faire ou entreprendre, je n'ai plus consulté que l'avantage d'être à votre tête , que l'honneur de vous commander ; et mes forces se sont accrues.

Soldats , n'en doutez pas , vos pressans besoins seront sans cesse l'objet de ma plus vive sollicitude.   *Signé* KLÉBER.

Par ordre du général en chef,

Le Général de division, Chef de l'État-major général

Signé DAMAS,

Pour copie conforme :

L'adjudant général, SORNET.

Le 16 du même mois, le général en chef a donné audience aux différens corps d'officiers de l'armée ; il a reçu aussi avec beaucoup de solemnité le divan et autres notables du pays. Le cheykh el - Mohdy , membre du divan, portant la parole au nom de son corps, réclama la protection du nouveau général pour la religion musulmane, témoigna des regrets sur le départ du général Bonaparte, et finit par se livrer aux consolations que lui offraient la justice et la bonté de son successeur. Le général Kléber répondit en ces termes :

« U'lémas et vous tous qui m'écoutez,

» C'est par mes actions que je me propose de répondre et à vos demandes et à vos sollicitations ; mais les actions sont lentes , et le peuple semble être impatient de connaître le sort qui l'attend sous le nouveau chef qui vient de lui être donné. Hé bien ! dites-lui que le gouvernement de la République française, en me conférant le gouvernement particulier de l'Egypte , m'a spécialement chargé de veiller au bonheur du peuple Egyptien ; et c'est de tous les attributs de mon commandement le plus cher à mon sœur.

» Le peuple de l'Egypte fonde particulièrement son bonheur sur sa religion : la
faire respecter est donc l'un de mes principaux
devoirs ; je ferai plus , je l'honorerai , et con-
tribuerai autant qu'il est en mon pouvoir à
sa splendeur et à sa gloire.

« Cet engagement pris , je crains peu les
méchans ; les gens de bien les surveilleront,
et me les feront connaître. Là où l'homme
juste et bon est protégé , le pervers doit
trembler ; le glaive est suspendu sur sa
tête.

» Bonaparte, mon prédécesseur, a acquis des
droits à l'affection des u'lémas, des cheykhs
et des grands , par une conduite intègre et
droite ; je la tiendrai aussi cette conduite, je
marcherai sur ses traces , et j'obtiendrai ce
que vous lui avez accordé. Retournez-donc
parmi les vôtres, réunissez-les autour de vous,
et dites-leur encore : Rassurez-vous ; le gouvernement de l'Egypte a passé en d'autres
mains , mais tout ce qui peut être relatif à
votre félicité, à votre prospérité sera constant
et immuable ».

Le nouveau général tient beaucoup plus
à l'apparat, que son prédécesseur. Le 17 , il

a traversé le Kaire avec un cortège des plus pompeux , pour se rendre à la citadelle ; il a ensuite successivement visité tous les différens forts et établissemens militaires ; il a aussi visité les hôpitaux et les élèves de la patrie, institution créée par Bonaparte, et composée en grande partie de jeunes marins.

La place Ezbekyéh forme actuellement un grand lac. Cette perspective serait assez agréable pour les Français , dont la majeure partie loge autour , si les barques y pouvaient voguer comme autrefois : mais on a élevé une chaussée du côté du quartier général ; et les ingénieurs des ponts et chausées n'ont laissé que deux petits trous qui donnent à peine passage à l'eau qui vient du canal : les gros poissons n'ont pas même la liberté d'aller se promener dans ce nouveau bassin. Le général Dugua , ayant un peu dégradé cette chaussée, en faisant, à force de bras, passer sa barque par dessus, les ingénieurs se sont enfin apperçus de l'inconvénient, et se proposent, dit - on , de faire faire une coupure, pour donner passage aux autres.

Les insectes et les reptiles qui ont eu le temps de déserter la place, se sont retirés dans les maisons, et ont augmenté le nombre de ces hôtes incommodes : ces jours derniers, nous avons eu, entr'autres, la visite de deux gros serpens Il y a ici des hommes qui ont l'art d'attirer ces reptiles, et de les élever au point qu'ils jouent avec eux, et ne craignent point de les poser dans leur sein, ou de les enlacer autour de leur cou ; ce que tout le monde a eu occassion de voir : on dit même qu'ils les mangent vivans, et je n'aurais plus de peine à le croire , d'après ce que j'ai rapporté plus haut. Nous avons donc appelé un de ces hommes-là , qui n'a point fait venir les serpens à la vérité , mais qui les a conjurés , et nous a laissé une petite bouteille remplie d'une liqueur qui avait apparemment beaucoup de vertus : ce qu'il y a de certain , c'est que nous n'avons pas revu ces animaux. Quelques jours auparavant un domestique du pays en avait pris un dans le jardin , moins gros , mais assez volumineux, et qui ne lui fit pas le moindre mal.

On peut dire en toute vérité, que les hommes et les animaux vivent en Egypte

on ne peut pas plus fraternellement. Les
milans et les éperviers viennent prendre le
poisson jusques dans les mains des pêcheurs ;
les corbeaux suivent par derrière le labou-
reur qui sème ; les petits oiseaux viennent
manger sur les tas de grain, et quelquefois
entre les jambes du gardien qui les laisse
faire. J'ai vu deux rats se battre sur un amas
d'ordures dans la boutique d'un horloger,
et à côté de lui , sans qu'il daignât prendre
part à leur querelle , ni interposer son autorité , se remettant sur le tout à la volonté
de Dieu. Dès que les combattans m'apper-
çurent, ils s'éloignèrent ; car , soit prudence
ou tout autre motif, ils n'ont pas la même
confiance dans les étrangers. Je tuai un
jour une belette qui s'était glissée dans ma
chambre à coucher ; les gens du pays me
dirent que sa postérité me tourmenterait
pendant quarante ans. L'animal le plus in-
commode, c'est la fourmi ; elle se glisse par-
tout, jusques dans le pain ; et quoiqu'on ait
la précaution de le secouer , il est impossible
de ne pas manger quelques - unes de ces
petites bêtes qu'il n'est pas rare de voir se
promener à table pendant le repas. Les

chiens qui sont à peu près sauvages ici,
vivent da ns la ca mpagne sur les monticules voisins, où ils ont la précaution de se
former des petites cellules sur le côteau qui
regarde le midi, pour se garantir des ri-
gueurs de la saison, pendant les nuits
d'hiver, et ils forment ainsi sur chaque
colline autant de petites républiques; mais
pendant leurs incursions, ils viennent dans
la ville répéter ce qui leur est dû pour des
fondations que leur ont faites des ames
charitables. Il y en a aussi pour les tour-
terelles à qui on est obligé de distribuer
du grain sur certains minarets. Ces oiseaux
sont aussi les enfans gâtés des Français ;
et quoique le pays en fourmille, ils en
tuent rarement.

Il n'y a rien eu de bien particulier à la
fête du premier vendémiaire an 8. Le général en chef, après avoir passé les troupes en revue dans la plaine d'Ibrahym-
Bey, entre le Kaire et l'île de Raoudah,
leur fit un discours analogue aux circonstances, et où l'on a remarqué le passage
suivant : *Mais vos drapeaux, braves compagnons d'armes, se courbent sous le poids*

des lauriers ; et tant de travaux demandent un terme, tant de gloire exige un prix. Encore un moment de persévérance, et vous êtes près d'atteindre et d'obtenir l'un et l'autre ; encore un moment, et vous donneres une paix durable au monde, après l'avoir combattu. Le soir il y eut feu d'artifice au milieu de l'eau sur la place Ezbekyéh, et illumination générale : les Turks s'entendent assez bien dans cette partie. La veille, on avait coupé la chaussée, non seulement pour donner entrée aux barques, mais encore à une quantité d'eau sufisante pour remplir entiérement la place dont l'étendue absorbait aux trois quarts par la sécheresse, celle qui entrait si piteusement au moyen des deux petites issues dont j'ai déjà parlé. Ces barques qui étaient illuminées aussi, présentaient un feu mobile sur l'eau, et un coup d'œil agréable.

L'on peut maintenant s'embarquer devant sa maison, et s'aller promener dans la campagne. Ces promenades sont charmantes dans un pays sur-tout où il y a si peu d'amusemens, et elles donnent lieu à de jolies petites parties, pourvu cependant qu'on ne s'écarte pas trop dans les terres ; car alors la visite des Arabes pourrait bien en tempérer le plaisir. Quelquefois on traverse la ville au son des instrumens, ou à la musique monotone des bateliers, musique qui roule sur des couplets connus ou des paroles qu'ils improvisent, mais où il ne faut pas toujours chercher le bon sens ni la délicatesse. Quand ils sont de bonne humeur et qu'ils s'attendent à être généreusement payés, ils improvisent des complimens aux personnes qu'ils conduisent. La richesse de la langue arabe, et la simplicité du chant y prêtent beaucoup : qu'on s'imagine entendre vêpres ; et l'on aura une idée de leur ramage.

J'avais oublié de dire qu'on a encore lancé un ballon qui n'a pas réussi.

Le grand visir a envoyé, le 20 de ce mois, des dépêches au général en chef ; elles étaient, dit-on, adressées au général Bonaparte dont on ignorait encore le départ, au camp des Ottomans. Rien n'a transpiré du contenu de ces dépêches : on sait seulement que l'officier qui en était porteur, a eu pendant trois jours de longues conférences avec le général Kléber. Au reste, cette entrevue n'a point rallenti nos préparatifs de guerre qui se poussent toujours avec activité. On dit que l'avant-garde du grand visir est à Gaza, et que Djezzar pacha a refusé de la commander, s'excusant sur son âge avancé, dans lequel, a-t-il dit, on ne doit plus faire de folies. On ajoute qu'A'bd-Allah pacha, porteur de cet ordre, s'étant permis quelques menaces, Djezzar lui a fait couper la tête. Le rusé pacha a craint de ne plus rentrer dans Acre, s'il en sortait jamais ; et quiconque connaît la Porte croira facilement qu'il avait raison. Les rapports font monter l'armée ottomane à plus de quatre-vingt mille hommes ; mais l'on sait que chez les Turks la suite est presque toujours d'un tiers de l'armée : on assure aussi qu'elle manque de vivres. Les Arabes leur en faisaient passer ; mais le général a défendu, sous peine de mort, toute espèce d'importation, et il a abandonné aux soldats la valeur des prises ; ce qui a produit un très-bon effet, car on a déjà pris plus de huit cens chameaux ou dromadaires.

Nous venons de recevoir des nouvelles de

notre patrie par des journaux étrangers, qui, plus ou moins éloignés de l'esprit de modération, s'accordent généralement tous cependant sur les faits principaux, et confirment les bruits déjà répandus sur la mauvaise situation des affaires en France. Nous les avons lus avec d'autant plus d'avidité, que nous sommes dans une position cruelle à cet égard. Il faut se trouver, comme nous, entièrement séparés du commerce de sa patrie, pour sentir tous les attraits de ce nom chéri ; jamais il n'a sonné si doux à nos oreilles : ce mot rappelle toutes nos affections. Pas une ligne, une seule ligne de nos parens, de nos amis ; est-il rien de plus triste ? Quelques matelots, quelques Provençaux, en reçoivent par fois, mais voilà tout. Il est certain que cette privation entre pour beaucoup dans les mécontentemens qui se manifestent, et qu'elle sert de prétexte aux malveillans.

J'ai été attaqué de l'ophtalmie depuis peu ; lle m'a tenu près d'un mois, pendant lequel j'ai évité la trop grande lumière, et me suis implement bassiné les yeux avec de l'eau Les premiers huit jours, j'ai été

absolument privé de la vue. On attribue gé
néralement cette maladie à la trop grande
vivacité de la lumière en Egypte, et à cette
poussière qu'on appelle nitreuse, et dont
l'air est rempli. Ajoutez que les jours sont
brûlans et sereins, les nuits fraîches et hu-
mides par les rosées; ce qui doit rompre nécessairement l'équilibre des humeurs dans
cette partie délicate. L'ophtalmie attaque
également les riches et les pauvres, les
hommes et les animaux; et l'on voit des
borgnes et des aveugles dans tout ce qui
respire. J'ai dit qu'avec de sages précautions on en guérissait presque toujours; mais
les Egyptiens et les soldats en prennent rarement. J'ai observé que la lumière de la
chandelle était encore plus nuisible que
celle du jour; elle cause des démangeaisons
et des picotemens insupportables, eût-on
même les yeux bandés. Les médecins s'accordent à dire que cette maladie est endé-
mique : outre les causes dont nous avons
déjà parlé, il se peut aussi que le Nil y con-
tribue.

L'ophtalmie commence par une petite
douleur ou démangeaison à l'œil, presque

toujours accompagnée de larmoiemens ; le malade supporte avec peine la lumière ; les vaisseaux qui tapissent la conjonctive s'engorgent bientôt, et rendent les mouvemens de la paupière difficiles et douloureux. La maladie faisant des progrès, la conjonctive se boursouffle, et s'élève au dessus de la cornée transparente. Les deux paupières ne tardent pas à participer au gonflement et à l'inflammation, et leurs mouvemens sont interrompus. Enfin, les symptômes diminuent peu à peu d'intensité, le gonflement des paupières se dissipe, et l'œil s'ouvre. Il paraît alors recouvert d'une matière blanchâtre qui se ramasse vers les angles, et colle les paupières pendant la nuit. Insensiblement, l'œil prend une teinte pourprée, et revient ensuite à sa couleur naturelle ; mais il faut prendre garde de ne pas s'exposer tout d'un coup à la grande lumière, jusqu'à parfaite guérison. Il est bon aussi de s'abstenir de vin, liqueurs et mets échauffans. Au fort de la maladie, on éprouve quelquefois des douleurs violentes dans toute la tête. On donne, comme remède efficace, un blanc d'œuf appliqué sur l'œil avec la moitié d'un citron ; mais, en général, il ne faut recourir qu'avec circonspection aux remèdes externes.

On raconte qu'un nombre considérable d'Anglais, escortés par un détachement des troupes du Djezzar, ayant été visiter les lieux saints, après notre départ de Syrie, avaient laissé de grandes aumônes aux trois couvens de Jérusalem, et que le pacha d'Acre, instruit de ces largesses, avait imposé une forte contribution aux moines.

Le 10 brumaire, un corps de quatre mille janissaires a débarqué près de Damiette. Huit cens ont été faits prisonniers ; le reste a péri par la baïonnette et le sabre : le général Verdier les a attaqués avec mille hommes tont au plus. Ces janissaires étaient des hommes d'élite envoyés de Constantinople, et ils devaient débarquer au nombre de huit mille ; le second convoi n'a pu descendre à temps. On l'attendait d'un jour à l'autre ; mais un coup de vent l'a forcé de gagner le large, et il n'a pas encore reparu.

Il est fâcheux qu'après un évènement aussi glorieux, les vainqueurs aient manifesté hautement l'esprit d'insubordination et de révolte, esprit qui s'est propagé jusques

ques dans la capitale, et qui ne tend à rien moins qu'à *demander un terme à tant de travaux*. Le général en chef a su, comme on avait tout lieu de l'espérer, arrêter par des mesures fermes, mais prudentes, les suites funestes d'une désorganisation; mais il est certain que jamais le soldat n'a paru aussi indiscipliné, et c'est sur-tout le civil qui en souffre; les uns, sous la dénomination ironique de savans, parce qu'on croit qu'ils sont en partie cause de l'expédition; les autres sous le titre ridicule de *gobe-légumes*, titre qui prend sa source, à la vérité, dans les dilapidations de plusieurs agens, principalement dans les vivres-viandes.

Les ingénieurs des ponts et chaussées sont partis du Kaire pour l'isthme de Souès, à l'effet d'achever les plans et le nivellement de la mer Rouge à la Méditerranée; c'est le quatrième voyage que l'on fait pour cette grande et pénible opération : on attend de celui-ci la reconnaissance exacte de l'ancien canal de jonction, et la certitude bien constatée de la possibilité de le rétablir.

Les deux commissions que le général Bonaparte avait envoyées dans la haute Egypte,

O

quelque temps avant son départ pour France,
sont de retour au Kaire depuis peu : leur
voyage a duré environ deux mois. Il est impossible d'aller plus vîte en besogne, sur-
tout lorsqu'on considère qu'il a fallu étudier
en détail cette foule de monumens qui se
trouvent dans la haute Egypte, et dont la
plu part sont entassés dans les décombres.
Voici la note qu'on a insérée dans le *Courier
d'Egypte*, à ce sujet :

« Les deux commissions ont fait dans
» l'Egypte supérieure, un travail qui ne
» laisse rien à desirer pour la connaissance
» des monumens de cette contrée. La réu-
» nion des observations et des dessins
» qu'elles rapportent, formera un ensemble
» avec lequel aucune collection connue de
» voyageur ne peut entrer en comparaison.
» On ne doit pas attendre que nous en
» fassions ici une énumération détaillée;
» elle excéderait trop les bornes de ce
» journal : nous nous en tiendrons à une in-
» dication sommaire.

» Le cours du Nil, depuis le Kaire jusqu'à
» Philé, au dessus de la cataracte, c'est-à-
» dire, dans un espace qui comprend envi-

» ron six degrés en latitude, a été assujetti
» à des observations astronomiques, faites à
» peu près de dix lieues en dix lieues : la po-
» sition des monumens antiques a été déter-
» minée par des observations spéciales. On a
» levé avec soin les plans topographiques de
» l'île de Philé et des anciens emplacemens
» de Thèbes, de Tentyris (*Dendérah*) et
» d'Antinoë ; on a pris le plan, plusieurs
» élévations et coupes de chaque monu-
» ment ; toutes les parties de l'architecture,
» soit masses, soit détails, ont été dessinées
» et mesurées, aussi bien que les obélisques
» et les colosses ; on a dessiné des vues sur
» tous les points qui offraient des effets re-
» marquables.

» Les murs, les colonnes, les faces des
» réduits les plus obscurs des monumens
» égyptiens, sont couverts de bas-reliefs et
» d'hiéroglyphes ; les dessinateurs en ont
» copié une prodigieuse quantité : ils ne se
» sont point bornés, comme les voyageurs
» qui les ont précédés, à dessiner isolément
» des sujets qui présentaient quelque sin-
» gularité ; ils se sont attachés à voir des
» suites complettes, en dessinant tous les

» tableaux qui ornent l'intérieur d'une
» même pièce, ou la face entière d'un mur,
» ou un plafond. Ils ont ainsi copié en
» entier des batailles fort étendues, des
» marches triomphales et religieuses, les
» peintures des grottes d'Elethya, où l'on
» voit la représentation des procédés de
» l'agriculture et de la navigation, un em-
» baumement et des funérailles. Plusieurs
» sujets coloriés ont été copiés avec leurs
» couleurs : l'Europe savante pourra y
» prendre une idée de la peinture des
» anciens Egyptiens.

» Enfin, cette collection est telle que si on
» voulait reconstruire en Europe les monu-
» mens de l'ancienne Egypte, et les décorer
» comme ils le sont sur les lieux, elle offrirait
» tous les renseignemens nécessaires.

» On a examiné avec une attention par-
» ticulière les zodiaques sculptés sur les
» plafonds des temples ; ils ont été dessinés
» exactement, et la comparaison qu'on en
» a faite, fixe des époques très-reculées dans
» l'histoire de l'astronomie, et dans l'histoire
» civile. Ces sculptures ont échappé jus-
» qu'ici aux observations des voyageurs

» dont les écrits ont été publiés ; aucun n'a
» donné à l'étude des monumens egyptiens
» un temps aussi long que celui qui y a été
» employé par les commissions ; elles cam-
» paient auprès des ruines jusqu'à l'achè-
» vement de leur travail : elles ont passé de
» cette manière vingt-trois jours à Thèbes.
» Elles ont eu toute l'autorité nécessaire
» pour pénétrer par-tout : les gens du pays
» dont la jalousie et l'ignorance opposaient
» jadis tant d'obstacles aux recherches des
» voyageurs, ont été employés à faire des
» fouilles ; à Karnak seul ils ont fait pour
» cet objet un travail équivalant à quatre
» ou cinq cens journées. L'habitude d'être
» exactement payés par les Français , et
» d'être traités avec justice, a fait naître la
» confiance et la bienveillance parmi eux ».
La commission se loue beaucoup des troupes
et du général Belliard qui commandait
dans cette partie.

Je ne puis m'empêcher de citer à ce sujet
une lettre assez curieuse du citoyen Pugnet,
médecin de l'armée, au citoyen Desgenettes,
médecin en chef : elle est datée de Gyrgéh,
et insérée dans le même *Courier*:

« Je reviens de Thèbes, Dendérah, etc.,
» mon avis est actuellement que l'on n'a rien
» vu en Egypte, et que l'on ne peut rien
» affirmer sur cette fameuse contrée, sans
» avoir consulté les monumens que je viens
» de contempler : il en sort des traits de
» lumière qui percent l'obscurité la plus
» profonde.

» Je rapporte, outre des notes très-
» étendues, un rouleau de papyrus, d'autant
» plus précieux, qu'il réunit les deux al-
» phabets, l'hiéroglyphique et le littéral ;
» quelques momies d'oiseaux, quelques
» petites statues de terre, mais sur-tout de
» nombreux sillons tracés sur mes membres,
» en rampant dans des grottes étroites et
» remplies d'aspérités. J'aurais rapporté
» beaucoup de choses, si je n'eusse été pré-
» cédé depuis long-temps par le citoyen
» Hamelin, et les membres des deux com-
» missions. Mais que trouver après eux ?

» L'examen de ces monumens m'a con-
» firmé dans l'opinion que je vous ai déjà
» manifestée sur la conformation extérieure
» des anciens Egyptiens. Ils nous annoncent
» cependant eux-mêmes qu'ils sont descen-

« dus, non seulement de l'Ethiopie, mais
» des Ethiopiens ; qu'ils ont long-temps
» adoré leurs Dieux , et suivi leurs usages :
» entr'autres manières de nous le rappeler ,
» ils ont sculpté et peint un homme noir ,
» qui , dans une forte érection , éjacule un
» un très - petit embrion rouge. Il faut
» savoir qu'ils se peignent toujours sous
» cette couleur dans leurs hiéroglyphes.

» Que l'on brûle sans exception et sans
» pitié tous les écrits anciens et modernes
» des voyageurs en Egypte , tous nous ont
» induits en erreur : ou ils n'ont rien vu ,
» ou ce qu'ils on vu , ils l'ont altéré d'une
» manière méconnaissable. Ce qui dans les
» grands monumens de la haute Egypte
» excite l'admiration, c'est la solidité de la
» structure , les vastes dimensions, la ma-
» jesté des formes , les richesses de détail
» dont ils sont couverts , et ce témoignage
» écrit de la perfection où les arts étaient
» parvenus. Les commissions qui ont ob-
» servé et étudié ces monumens , sont à
» même de publier un mémoire à jamais
» mémorable ».

Le citoyen Girard , qui avait précédé les

commissions, a fait un travail bien précieux, bien utile pour une colonie naissante. C'est un mémoire très - étendu sur l'agriculture de la haute Egypte, l'industrie et le commerce de ses habitans. Il en avait déjà fait un sur l'aménagement et le produit des terres de la province de Damiette, et il en prépare un autre sur le nilomètre de l'île d'Éléphantine , et l'exhaussement de la vallée d'Egypte. Le citoyen Girard est un travailleur infatigable ; il parcourt successivement tous les lieux de cette contrée, sous le point de vue d'utilité publique le plus intéressant.

Les principales productions de la haute Egypte sont le doura ou maïs, le bled, les lentilles , le lupin, les pois chiches, l'orge, les oignons, les fèves, le trèfle, le fenugrec, le tabac, le lin, le coton , le carthame, l'indigo, le colsat et le sucre. Le riz ne s'exploite que dans la basse Egypte : celui des environs de Damiette est le plus estimé.

L'habitant du Saïd , comme celui du Delta, a les traits du visage bien prononcés, la taille bien prise, mais son teint est beaucoup plus rembruni ; il a également les yeux noirs, mais plus petits, enfoncés, la prunelle rétrécie. A mesure que l'on avance vers Syouth, on découvre dans la forme du nez et des lèvres la trace des liaisons contractées avec les habitans de l'intérieur de l'Afrique.

Le général en chef vient de créer, par un ordre du 28 brumaire, une commission chargée de recueillir tous les renseignemens propres à faire connaître l'état moderne de l'Egypte, sous les rapports du gouvernement, des lois, des usages civils, religieux et domestiques, de l'enseignement public et du commerce. Elle rassemblera les chartes, les actes publics, et les inscriptions des monumens ; elle rédigera les mémoires historiques des évènemens qui se sont passés dans ce pays, depuis et y compris la dernière expédition du capitan pacha, jusqu'à l'arrivée de l'armée française. Le travail de cette commission s'étendra aussi aux relations actuelles de l'Egypte avec l'intérieur de l'Afrique. Ce travail est grand, intéressant, et formera un bel ensemble avec celui des deux commissions dont nous avons parlé, si le tout vient à bien.

L'adjudant général Morand, envoyé en parlementaire au commodore Sidney Smith, est arrivé de sa mission. Le général Désaix et l'administrateur général des finances Poussielgue sont partis pour Damiette, d'où ils se rendront à bord *du Tigre*, où doivent, dit-on, se tenir des négociations importantes. Le résultat de ces conférences sera sans doute l'évacuation de ce pays; car il n'est pas probable que le grand visir, ni les Anglais veuillent accéder à la moindre proposition qui s'écarterait de cette base. Les esprits y sont déjà préparés, et quelques personnes pensent que ceci n'est plus qu'une affaire de formalité.

En attendant, on vient de jouer, le 30 frimaire, *la Mort de César* et *les Précieuses Ridicules*, sur un théâtre qu'on vient d'élever au Kaire. Les amateurs composant cette société ont assez bien joué; mais comme ils sont obligés de suppléer aux rôles de femmes, l'illusion n'est pas aussi complette. Néanmoins, ce spectacle fait beaucoup de plaisir dans un pays où l'on trouve peu à se distraire d'une manière conforme à nos mœurs. Une société de comédiens ferait ici d'excellentes affaires, mais il faudrait de bonnes lois, pour retenir les actrices au théâtre qui ne formerait que le moindre et le plus pénible de leurs revenus.

Le 6 nivôse, le général a ordonné une promenade militaire des troupes de toutes les armes, réunies au Kaire et dans les environs. La marche fut poussée jusqu'à Birket el-Hadjy, à près de quatre lieues du Kaire, et l'on exécuta diverses manœuvres. Un Tatare envoyé par le grand visir, et qui partait le même jour, pour aller le rejoindre à Gaza, eut occasion de voir ces développemens, et de parcourir sur son passage, pendant une forte lieue, cette ligne de troupes ; il en trouvera vraisemblablement d'autres sur sa route ; car la division du général Regnier était partie la veille, et s'avançait par échelons vers Kathyéh.

Le général en chef vient d'obtenir du commodore sir Sidney Smith, commandant l'escadre anglaise qui croise sur les côtes d'Egypte, un passe-port qui garantit le libre passage en France, des invalides absolus. Le citoyen Tallien sera employé comme commissaire civil dans cette évacuation ; mais je ne sais quel rapport peut avoir le citoyen Tallien avec la retraite des

invalides. On ajoute aussi que la grand
majorité des membres de la commission d
sciences et arts va se rendre en France.

Quant au général en chef, il est parti du
Kaire, le 18 nivôse, pour prendre en personne le commandement de l'armée qui
s'avance vers les frontières de la Syrie.

Nous venons d'apprendre que Bonaparte
est arrivé heureusement en France, après
avoir séjourné quelques jours en Corse.

Mourad-Bey vient d'être surpris de nouveau par le général de brigade Zayonchek
qui lui a enlevé sa tente et ses bagages,
avec une quantité considérable de chameaux
et de chevaux. Un bey, deux kachefs et
huit Mamlouks sont restés sur le champ
de bataille : on croit que Mourad a été
blessé.

Il paraît que notre Institut veut augmenter en famille avant son départ ; il fait
des nominations coup sur coup.

Les promenades scientifiques se répètent
avec un enthousiasme qui n'avait point eu
d'exemple depuis notre arrivée. Les cailloux,
les coquillages, les insectes, les reptiles et
quelques misérables plantes ne sont plus en

ûreté sur l'aride Mokattam ; les montagnes
de grès sont escaladées au Mont-Rouge ;
les momies sortent en foule des tombeaux
de Sakkara , et Memphis découvre ses
ruines avec le poignet d'un colosse élevé
par Sésostris.

On cultive aujourd'hui l'emplacement de
cette ville célèbre, qui enleva autrefois le
siège de l'empire à l'orgueilleuse Thèbes.
On y trouve encore une quantité considérable de blocs de granit, couverts d'hiéroglyphes et de figures. La vaste plaine de
Sakkara, qui est à une lieue de cette ville,
lui servait apparemment de cimetière, et
cette quantité considérable de pyramides,
et cette multitude de souterreins taillés dans
le roc, prouvent à quel point ces peuples
respectaient la mémoire des morts, non
seulement dans les hommes, mais encore
dans les animaux sacrés qu'on embaumait
avec autant de soins, et qu'on ne logeait
pas moins convenablement.

On vient d'apprendre la reddition d'el-
A'rych ; les Turks s'en sont emparés dans
le temps même des négociations. La trahison
a livré la place, et la plupart des traîtres en

ont été les premières victimes. On dit qu
les officiers seuls se sont battus.

Peu de temps après nous avons vu paraîtr
la convention suivante :

CONVENTION POUR L'ÉVACUATION DE L'EGYPTE,

*Passée entre le citoyen Désaix, Général
de divison, et Poussielgue, Administra-
teur-général des finances, Plénipotentiaires du Général en Chef Kléber ;*

*Et leurs excellences Moustaffa-Rachyd,
Effendy Defterdar, et Moustaffa - Rasy-
chéh, Effendy Reys ul-Kouttab, Ministres
plénipotentiaires de son Altesse le suprême
Visir.*

L'armée française en Egypte, voulant donner une preuve de ses desirs d'arrêter l'effu-
sion de sang, et de voir cesser les malheureuses querelles survenues entre la République française et la sublime Porte, consent à
évacuer l'Egypte, d'après les dispositions
de la présente convention, espérant que
cette concession pourra être un acchemine-
ment à la pacification générale de l'Europe.

ARTICLE I.ᵉʳ L'armée française se retirera, avec armes, bagages et effets, sur Alexandrie, Rosette et Abou-Kyr, pour y être embarquée et transportée en France, tant sur ses bâtimens que sur ceux qu'il sera nécessaire que la sublime Porte lui fournisse; et pour que lesdits bâtimens puissent être plus promptement préparés, il est convenu qu'un mois après la ratification de la présente, il sera envoyé au château d'Alexandrie un commissaire avec cinquante personnes de la part de la sublime Porte.

II. Il y aura un armistice de trois mois en Egypte, à compter du jour de la signature de la présente convention ; et cependant dans les cas où la trêve expirerait avant que lesdits bâtimens à fournir par la sublime Porte fussent prêts, ladite trêve sera prolongée jusqu'à ce que l'embarquement puisse être complettement effectué : bien entendu que de part et d'autre on emploiera tous les moyens possibles pour que la tranquillité de l'armée et des habitans, dont la trêve est l'objet, ne soit point troublée.

III. Le transport de l'armée française au
lieu d'après le réglement des commissair
nommés à cet effet par la sublime Port
et par le général en chef Kléber ; et si, lo
de l'embarquement , il survenait quelqu
discussion entre lesdits commissaires sur c
objet , il en sera nommé un par M. le com
modore Sidney-Smith, qui décidera les dif
férens d'après les réglemens maritimes d
l'Angleterre.

IV. Les places de Kattyéh et Ssaléhhyé
seront évacuées par les troupes françaises
le huitième jour ou, au plus tard, le dixièm
jour après la ratification de la présente con
vention. La ville de Mansourah sera éva
cuée le quinzième jour ; Damiette et Bel
beys le vingtième jour. Souès sera évacu
six jours avant le Kaire ; les autres places
situées sur la rive orientale du Nil seront
évacuées le dixième jour ; le Delta sera
évacué quinze jours après l'évacuation du
Kaire. La rive occidentale du Nil et ses dé
pendances resteront entre les mains des
Français jusqu'à l'évacuation du Kaire ; et
cependant , comme elles doivent être occu
pées par l'armée française , jusqu'à ce que

toutes

toutes les troupes soient descendues de la haute Egypte, ladite rive occidentale et ses dépendances pourront n'être évacuées qu'à l'expiration de la trêve, s'il est impossible de les évacuer plutôt. Les places évacuées par l'armée seront remises à la sublime Porte dans l'état où elles se trouvent actuellement.

V. La ville du Kaire sera évacuée dans le délai de quarante jours, si cela est possible, et au plus tard dans quarante-cinq jours, à compter du jour de la ratification de la présente.

VI. Il est expressément convenu que la sublime Porte apportera tous ses soins pour que les troupes françaises des diverses places de la rive occidentale du Nil, qui se replieront avec armes et bagages vers leur quartier-général, ne soient, pendant leur route, inquiétées ni molestées dans leurs personnes, bien et honneur, soit de la part des habitans de l'Egypte, soit par les troupes de l'armée impériale ottomane.

VII. En conséquence de l'article ci-dessus, et pour prévenir toute dissension et hostilité, il sera pris des mesures pour que les troupes turkes soient toujours suffisamment éloignées des troupes françaises.

VIII. Aussitôt après la ratification de la présente convention, tous les Turks et autres nations sans distinction, sujets de la sublime Porte, détenus ou retenus en France, ou au pouvoir des Français en Egypte, seront mis en liberté; et réciproquement tous les Français détenus dans toutes les villes et échelles de l'empire ottoman, ainsi que toutes les personnes de quelque nation qu'elles soient, attachées aux légation et consulats français, seront également mis en liberté.

IX. La restitution des biens et des propriétés des habitans et des sujets, de part et d'autre, ou le remboursement de leur valeur aux propriétaires, commencera immédiatement après l'évacuation de l'Egypte, et sera réglée à Constantinople par des commissaires nommés respectivement pour cet objet.

X. Aucun habitant de l'Egypte, de quelque religion qu'il soit, ne sera inquiété, ni dans sa personne ni dans ses biens, pour les liaisons qu'il pourra avoir eues avec les Français, pendant leur occupation de l'Egypte.

XI. Il sera délivré à l'armée française, tant de la part de la sublime Porte, que des cours ses alliées, c'est-à-dire celles de la Grande-Bretagne et de la Russie, les passe-ports, saufs-conduits et convois nécessaires pour assurer son retour en France.

XII. Lorsque l'armée française d'Egypte sera embarquée, la sublime Porte, ainsi que ses alliés, promettent que, jusqu'à son retour sur le continent de la France, elle ne sera nullement inquiétée ; comme, de son côté, le général en chef Kléber et l'armée française en Egypte, promettent de ne commettre aucunes hostilités pendant ledit temps, ni contre les flottes, ni contre les pays de la sublime Porte et de ses alliés, et que les bâtimens qui transporteront ladite armée ne s'arrêteront à aucune autre côte que celle de la France, à moins d'une né-cessité absolue.

XIII. En conséquence de la trève de trois mois, stipulée ci-dessus avec l'armée fran-çaise, pour l'évacuation de l'Egypte, les parties contractantes conviennent que si ; dans l'intervalle de ladite trève , quelques bâtimens de France , à l'insu des commandans des flottes alliées , entraient dans le port d'Alexandrie , ils en partiront , après avoir pris l'eau et les vivres nécessaires , et retourneront en France , munis de passeports des cours alliées ; et dans le cas où quelques - unes desdits bâtimens auraient besoin de réparations , ceux - là seuls pourront rester jusqu'à ce que lesdites réparations soient achevées , et partiront aussitôt après pour France , comme les précédens , par le premier vent favorable.

XIV. Le général en chef Kléber pou envoyer sur-le-champ en France , un aviso auquel il sera donné les saufs - conduits nécessaires , pour que ledit aviso puisse prévenir le gouvernement français de l'évacuation de l'Egyte.

XV. Etant reconnu que l'armée française a besoin de subsistances journalières pendant les trois mois dans lesquels elle doit évacuer l'Egypte, et pour les trois autres mois à compter du jour où elle sera embarquée, il est convenu qu'il lui sera fourni les quantités nécessaires de bled, viande, vin, orge et paille, suivant l'état qui en est présentement remis par les plénipotentiaires français, tant pour le séjour que pour le voyage. Celles desdites quantités que l'armée aura retirées de ses magasins, après la ratification de la présente, seront déduites de celles à fournir par la sublime Porte.

XVI. A compter du jour de la notification de la présente convention, l'armée française ne prélèvera aucune contribution quelconque en Egypte ; mais au contraire elle abandonnera à la sublime Porte les contributions ordinaires exigibles qui lui resteraient à lever jusques à son départ, ainsi que les chameaux, dromadaires, munitions, canons et autres objets lui appartenant, qu'elle ne jugera pas à propos d'emporter, de même que les magasins des vivres. Ces objets seront examinés et évalués par des commissaires envoyés en Egypte, à cet effet, par la sublime Porte, et par le commandant des forces britanniques, conjointement avec les préposés du général en chef Kléber, et reçus par les premiers, au taux de l'évaluation ainsi faite, jusqu'à la concurrence de la somme de trois mille bourses, qui sera nécessaire à l'armée française, pour accélérer ses mouvemens et son embarquement ; et si les objets ci-dessus désignés ne produisaient pas cette somme , le déficit sera avancé par la sublime Porte , à titre de prêt qui sera remboursé par le gouvernement français , sur les billets des commissaires préposés par le général en chef Kléber , pour recevoir ladite somme.

XVII. L'armée française ayant des frais à faire pour évacuer l'Egypte, elle recevra , après la ratification de la présente convention , la somme ci-dessus stipulée dans l'ordre suivant ; savoir :

Le quinzième jour , cinq cens bourses ;

Le trentième jour , cinq cens autres bourses ;

Le quarantième jour , trois cens autres bourses ;

Le cinquantième jour , trois cens autres bourses ;

Le soixantième jour , trois cens autres bourses ;

Le soixante - dixième jour , trois cens autres bourses ;

Le quatre - vingtième jour, trois cens autres bourses;

Et enfin, le quatre-vingt-dixième jour, cinq cens autres bourses;

Toutes lesdites bourses de cinq cens piastres turkes chacune, lesquelles seront reçues en prêt, des personnes commises à cet effet par la sublime Porte; et pour faciliter l'exécution desdites dispositions, la sublime Porte enverra, immédiatement après l'échange des ratifications, des commissaires dans la ville du Kaire et dans les autres villes occupées par l'armée.

XVIII. Les contributions que les Français pourraient avoir perçues après la date de la ratification, et avant la notification de la présente convention, dans les divers points de l'Egypte, seront déduites sur le montant des trois mille bourses ci-dessus stipulées.

XIX. Pour faciliter et accélérer l'évacuation des places, la navigation des bâtimens français de transport qui se trouveront dans les ports de l'Egypte, sera libre pendant les trois mois de trève, depuis Damiette et Rosette jusqu'à Alexandrie, et d'Alexandrie à Rosette et Damiette.

XX. La sûreté de l'Europe exigeant les plus grandes précautions, pour empêcher que la contagion de la peste n'y soit transportée, aucune personne malade, ou soupçonnée d'être atteinte de cette maladie, ne sera embarquée ; mais les malades pour cause de peste, ou pour toute autre maladie qui ne permettrait pas leur transport dans le délai convenu pour l'évacuation, demeureront dans les hôpitaux où ils se trouveront sous la sauve-garde de son altesse le suprême visir, et seront soignés par des officiers de santé français, qui resteront auprès d'eux, jusqu'à ce que leur guérison leur permette de partir; ce qui aura lieu le plutôt possible: et les articles XI et XII de cette convention leur seront appliqués comme au reste de l'armée; et le commandant en chef de l'armée française s'engage à donner les ordres les plus stricts aux différens officiers commandant les troupes embarquées, de ne pas permettre que les bâtimens les débarquent dans d'autres ports que ceux qui seront indiqués par les officiers de santé, comme offrant les plus grandes facilités pour faire la quarantaine usitée et nécessaire.

XXI. Toutes les difficultés qui pourraient s'élever, et qui ne seraient pas prévues par la présente convention, seront terminées à l'amiable entre les commissaires désignés à cet effet par son altesse le suprême visir et par le général en chef Kléber, de manière à faciliter et accélérer l'évacuation.

XXII Le présent ne sera valable qu'après les ratifications respectives, lesquelles devront être échangées dans le délai de huit jours; ensuite de laquelle ratification, la présente convention sera religieusement observée de part et d'autre.

Fait, signé et scellé de nos sceaux respectifs, au camp des conférences près d'el-A'rych, le 4 pluviôse an 8 de la République française (24 Janvier 1800, v. st.), et le 28 de la lune de chaaban, l'an de l'hégyre 1214.

Signés, etc.

RATIFICATION du Général en Chef, mise au bas du texte turk.

Je soussigné, général en chef, commandant l'armée française en Egypte, ap-

prouve et ratifie les conditions du traité
ci - dessus, pour avoir leur exécution en
leur forme et teneur : devant croire que
les vingt - deux articles y relatés sont entièrement conformes à la traduction française, signée par les plénipotentiaires du
grand visir, et ratifiée par son altesse ;
traduction dont le sens sera constamment
suivi, chaque fois qu'à cet égard, et pour
raison de quelques variantes, il pourrait
s'élever des difficultés.

Au quartier-général de Ssaléhhyéh, le 8
pluviôse an 8 de la République.

Signé KLÉBER.

Du camp de Ssaléhhyéh, le 8 Pluviôse an 8.

KLÉBER, GÉNÉRAL EN CHEF,

A l'Armée.

Soldats !

Un concours de circonstances majeures qu'il
ne m'est pas permis encore de vous faire connaître, m'a déterminé à arrêter le cours de
vos victoires, et à négocier avec nos ennemis,

au lieu de les combattre. Ainsi, d'après le
traité que je viens de conclure, dans quatre
mois vous reverrez votre patrie, et vous
continuerez à la servir de vos armes et de
votre valeur, d'une manière plus efficace
que désormais vous n'eussiez pu le faire en
ces contrées.

Soldats! Si j'avais été consulté pour me
charger du fardeau que m'a laissé le général
Bonaparte, certes je ne l'aurais point accepté; car je sentais trop vivement que mes
forces ne répondaient point à l'importance
du poste que j'occupe dans des conjonctures
aussi difficiles; mais il vous est connu que
je ne pouvais opter.

J'ai toutefois la conviction consolante que
si je n'ai pas fait pour vous tout ce que mé-
ritaient votre courage et votre dévouement
à la République, j'ai fait au moins tout ce
qu'il était humainement possible de faire
dans la situation pénible où j'ai trouvé
l'armée. Ceux d'entre vous qui ne seront
point sourds à la voix de la raison, me
rendront justice; je suis peu jaloux de l'as-
sentiment des autres.

Soldats! des engagemens solemnels et ré-

ciproques nous lient avec l'armée ottomane ;
j'ai la persuasion la plus intime qu'il n'entre dans la pensée ni du visir ni d'aucun
des chefs musulmans de les trahir ; mais,
dans leurs institutions licencieuses, pourront-ils toujours répondre de la conduite
de ceux qui leur sont subordonnés ? Non,
sans doute. C'est donc à vous, qui vivez sous
une discipline sage et raisonnée, à prévenir
ou à éviter des rixes qui peuvent entraîner
après elles les plus graves inconvéniens, les
suites les plus funestes. Je ne laisserai impunie aucune insulte qui pourrait vous être
faite, mais aussi je punirai suivant toute
la rigueur des lois celui d'entre vous qui
en aurait provoqué.

Signé KLÉBER.

Par ordre du Général en Chef,

Le Général de division, Chef de l'État-major général,

Signé DAMAS.

Pour copie conforme :

L'Adjudant général, Sous-Chef de l'État-major général,

Signé RÉNÉ.

On voit, d'après cette proclamation,
que le traité n'avait point obtenu un as-

sentiment général. Cette convention, en effet, est telle qu'elle a considérablement grossi le parti coloniste; et ceux qui préfèrent l'honneur au plaisir de revoir leur patrie, en sont véritablement attristés. Les gens sensés ne peuvent pas non plus concevoir comment, avec une armée toujours victorieuse, on a voulu se résoudre à abandonner les places fortes, et se reléguer provisoirement dans un désert où la mauvaise foi de nos ennemis peut nous faire mourir de faim et de misère, tandis qu'ils auront, eux, la faculté, par la possession de Damiette et de Ssaléhhyéh, de vomir autant de troupes et de munitions de guerre qu'ils jugeront convenable. Nous avons été surtout extrêmement surpris que le général Desaix, qui jouissait de l'estime et de la confiance publique, ait pu donner la main à un tel acte; mais on dit qu'il n'en était plus le maître; que dès qu'il fut à bord *du Tigre*, on le conduisit sous divers prétextes à Gaza; qu'il protesta contre l'évacuation, se retranchant sur ce qu'il n'en avait pas reçu les pouvoirs, et qu'alors le visir lui fit montrer les ordres du général en chef dans une lettre particulière : on pense même que Desaix n'aurait point accepté cette mission, s'il eût cru traiter pour l'évacuation de l'Egypte pure et simple.

Des lettres particulières de Ssaléhhyéh mandent qu'on fait courir une nouvelle qui, si elle est vraie, surprendra bien du monde.

Me promenant à la nuit tombante, sur le quai des Cobtes, j'ai entendu un homme déclamer d'une voix forte, en descendant la place, du côté qui avoisine ce quai, des paroles que je n'ai pas bien compris, mais dont la désinence à chaque pose se terminait par ces mots : *Bonabartéh tthayeb !* Bonaparte est bon, et cette épithète a un sens très-étendu dans la langue arabe ; un autre Egyptien qui remontait le quai, se tourne vers cet homme, et lui crie à son tour : *ou Allah Bonabartéh ttayeb !* oui, par Dieu, Bonaparte est bon. Ces deux hommes voulaient-ils dire que Bonaparte, à la place de Kléber, se serait battu, ou connaissaient-ils déjà les événemens du 18 brumaire, que nous avons appris quelques jours après par les papiers anglais ? Nous avons remarqué constamment que les gens

du pays savaient toujours les nouvelles
avant nous.

La révolution du 18 brumaire et la convention d'el-A'rych occupent tous les esprits, et chacun fait ses conjectures sur la
position de Kléber dans ces nouvelles circonstances. Ce général est de retour au
Kaire; et l'on fait déjà tous les préparatifs de
départ. Cependant, si l'on en croit les habitans, nous ne quitterons point l'Egypte :
les devins, juifs, musulmans et chrétiens,
s'accordent tous là - dessus. Ils disent que
quand nous aurions un pied dans la barque,
et l'autre sur terre, ce dernier l'emporterait
par son poids; mais ils ajoutent que les rues
du Kaire seront jonchées de cadavres, et
que l'on marchera dans le sang. Quoique
les personnes sensées n'aient pas une grande
confiance dans les prédictions des devins,
elles ne pensent pas moins que ces gens peuvent avoir des données sur la mauvaise foi
de nos ennemis ; et ces idées font frissonner
d'horreur : ajoutez que la contexture de la
convention n'est pas du tout rassurante. Je
demandai en riant à un prêtre maronite qui
m'assurait le même fait sur sa tête, com-

ment les devins l'entendaient, et si c'était vivans ou morts, que les Français devaient rester ? » Vous serez vainqueurs, répondit-il. — Sais-tu, lui demandai-je encore, si les Français resteront toujours en Egypte ? — Dans un an, repliqua-t-il, il viendra d'autres chapeaux avec lesquels vous vous accorderez ». C'est tout ce que j'en pus savoir. Madame Marcel, et son époux, littérateur versé dans les langues orientales, étaient avec moi.

Les places de Katthyéh et Ssaléhhyéh sont déjà occupées par les Turks : ils étaient tellement exténués de fatigue et de besoin, qu'on a été au devant d'eux pour leur apporter des vivres et de l'eau. Ils craignaient encore qu'on ne les attaquât, et ils se sont avancés avec beaucoup de précaution. Ils marchent actuellement sur Mansourah, Damiette et Belbeys ; de sorte que les voilà bientôt aux portes du Kaire, Belbeys n'en étant qu'à dix lieues.

Le chef de brigade Latour-Maubourg est arrivé ici de France, le 14 ventôse ; il nous a apporté la confirmation des heureuses nouvelles qui s'étaient répandues, et la nouvelle constitution qui en a été le résultat.

Ces

Ces évènemens ont réjoui tous les bons citoyens, et le parti coloniste aime à croire
que Bonaparte ne laissera pas abandonner
ainsi une de ses plus belles conquêtes. Cependant, on n'ose trop se prononcer, non par
rapport au général Kléber qui sûrement ne
voudrait point paraître y faire attention,
mais à cause de ses partisans dont la plupart sont comme fanatisés ; et dans la position où nous sommes, nous ignorons ce
que nous pouvons devenir.

Les commissaires turks qui sont déjà au
Kaire, ont assisté à la comédie : il y avait
aussi des Anglais. On a chanté des couplets (1) à la louange du général Kléber

---

(1) Dans tous ces couplets, quatre vers fixèrent mon
attention : ils s'adressent aux musulmans ; les voici :

> De la valeur de nos héros,
> A nos ennemis si funeste,
> Bonaparte vous dit deux mots,
> Et Kléber vous eût dit le reste.

A ce dernier, les mauvais plaisans avaient substitué :

> Mais Kléber n'a point dit le reste.

Cependant, il l'a dit et très-bien dit ; mais on était
fâché qu'il ne voulût pas le dire.

qui se trouvait en face du théâtre, et dont la délicatesse devait sans doute souffrir. Quant aux Anglais, il n'y a point d'occasion qu'on ne cherche, à la comédie et par-tout, de louer leur générosité jusqu'à outrance, pour ne rien dire de plus.

Les Osmanlis, déjà à Belbeys, sont impatiens d'arriver au Kaire; plusieurs s'échappent du gros de l'armée, et pénètrent furtivement dans cette capitale. Ils ont un mode tout particulier pour faire contribuer les habitans : un soldat turk entre dans une boutique, met une petite enseigne à la porte en signe de protection, et puis, tranquillement assis, il y passe sa journée à fumer sa pipe et prendre du café, touche la recette du propriétaire, et la partage avec lui. On s'imagine aisément que ces protections là sont par fois incommodes : mais ce qu'il y a de plus sérieux, c'est que ces Osmanlis regardent les Français avec insolence et mépris, et que la populace du Kaire accroît chaque jour d'audace et d'impertinence. Les chrétiens sont désolés, et nous maudissent de ce que nous les abandonnons ainsi à la rage de leurs bourreaux;

ils nous imputent avec raison tous les maux qu'ils redoutent. Il y a des quartiers où l'on ne peut plus passer sans danger ; déjà il est survenu plusieurs rixes entre les Français et les Osmanlis, et ceux-ci ont tenté en différentes rencontres d'arracher le sabre des mains des premiers : l'on dit même que plusieurs des nôtres ont péri. On a fait faire des patrouilles, pour arrêter ces désordres ; et dans une de ces patrouilles, deux grenadiers ont été tués. Le général en chef, ne pouvant plus résister aux plaintes qui s'élevaient de toute part, et craignant que la vengeance ne devînt terrible et funeste, a demandé satisfaction au pacha qui se trouve au Kaire en qualité de commissaire de la Porte ottomane, mais qu'on croit réellement chargé d'organiser une révolte. Le pacha, qui n'a pas osé s'y refuser, a fait étrangler cinq Osmanlis dont les corps ont été exposés sur la place Ezbekyéh, en face de la maison du général ; cinq autres ont eu la tête tranchée. Cependant, on fait toujours évacuer les munitions.

Après tant d'excès, beaucoup de personnes, le parti coloniste principalement, s'attendaient à une rupture, et commençaient à croire à la prédiction des devins ; la proclamation suivante du général en chef, datée du 20 ventôse, nous a confirmés dans cette idée :

Soldats !

« Le commandement de la flotte anglaise dans la Méditerranée ayant passé en d'autres mains, cette circonstance apporte quelque retard à l'exécution du traité que j'ai conclu avec le grand visir ; il ne saurait durer long-temps : mais, en attendant, il faut nous tenir sur nos gardes, et conserver cette attitude guerrière qui imprime le respect et l'effroi lorsqu'il est nécessaire.

» Soldats, je suis chargé de veiller à votre conservation autant qu'à votre gloire.... Je remplirai votre attente ; mais j'exige de vous, dans toutes les conjonctures, confiance et obéissance ».

Signé K L É B E R.

On reconnaît là vraiment la trempe du caractère énergique de Kléber. S'il ne se prononce pas encore tout-à-fait, c'est qu'il

veut gagner du temps pour réunir ses forces,
et faire ses préparatifs ; et s'il a montré une
extrême confiance dans un ennemi déloyal,
il pourra bien le faire repentir de sa perfidie , lui apprendre qu'on ne le trompe
pas impunément , et laver dans son sang la
tache de la convention d'el-A'rych. C'est
le commodore Sidney Smith qui a eu la
loyauté de lui donner avis de ce qui se passait : trois ou quatre jours plus tard , il n'é-
tait peut-être plus temps ; car , d'après le
traité , nous devions évacuer le Kaire , le
25 , jour de rigueur , et passer sur la rive
gauche du Nil. Le général Kléber se crut
alors suffisamment en droit de demander
un sursis , en attendant du nouveau commandant anglais une réponse plus satisfai-
sante , quoiqu'il fût bien loin de l'espérer.
Mais le visir qui machinait sourdement
notre perte , et qui la regardait comme certaine , fit semblant de regarder le refus des
Anglais comme un événement de peu d'importance , et il s'avançait toujours sur le
Kaire.

J'avais oublié de dire que quelques jours
auparavant Mourad-Bey , qui , conformé-

ment à la convention d'el-A'rych , était
passé du côté de la rive droite ou orientale
du Nil , avait fait demander au général français un sauf-conduit et son agrément, pour
se rendre au camp du grand visir qui l'avait
demandé , et qui était pour lors à el-Kanka.
L'adjudant général Morand , à la tête de la
cavalerie française, fut prendre le prince
mamlouk à Thourah , et le conduisit à travers nos avant postes de la Coubbéh : Mourad
avait environ quinze cens hommes de cavalerie avec lui. Au moment de la séparation ,
il fit présent d'un beau cheval de race,
enharnaché , à l'officier français , et le re-
vêtit d'une béniche d'écarlate en ajoutant
d'une manière gracieuse, que c'était la faute
des Français , si son présent n'était pas plus
riche. Ce bey qui avait prévu la perfidie
de nos ennemis , dès qu'il eut connaissance
du traité , et qui l'avait dit hautement à
quelques Français , prévoyait aussi leur défaite : personne n'en pouvait mieux juger
que lui ; il s'était mesuré avec les deux armées. Aussi habile politique que bon guerrier , Mourad voulut se ménager un accommodement avec le vainqueur, et il campa

séparément du grand visir en qui il n'avait nulle confiance, malgré les promesses flatteuses que son altesse lui avait faites.

Enfin, le 27 au soir, parut la proclamation dont la teneur suit :

LE GÉNÉRAL EN CHEF KLEBER

A l'Armée

Soldats !

Voici la lettre qui vient de m'être adressée par le commandant en chef de la flotte anglaise dans la Méditerranée :

A bord du vaisseau de S. M. B. *la Reine Charlotte*, le 8 Janvier 1800.

Monsieur,

« Je vous préviens que j'ai reçu des or-
» dres positifs de sa majesté, de ne consen-
» tir à aucune capitulation avec l'armée
» française que vous commandez en Egypte
» et en Syrie, à moins qu'elle ne mette bas
» les armes, qu'elle ne se rende prisonnière
» de guerre, et n'abandonne tous les vais-
» seaux et toutes les munitions des ports
» et ville d'Alexandrie aux puissances al-
» liées ; qu'en cas de capitulation je ne dois

» permettre à aucune troupe de retourner
» en France, avant qu'elle n'ait été échan-
» gée. Je crois également nécessaire de vous
» informer que tous les vaisseaux ayant
» des troupes françaises à bord, et faisant
» voile de ce pays avec des passe-ports si-
» gnés par d'autres que ceux qui ont le
» droit d'en accorder, seront forcés par les
» officiers des vaisseaux que je commande,
» de rentrer à Alexandrie ; enfin, que les
» bâtimens qui seront rencontrés retour-
» nant en Europe avec des passe-ports ac-
» cordés en conséquence d'une capitulation
» particulière avec une des puissances al-
» liées, seront retenus comme *prises*, et
» tous les individus à bord, considérés
» comme prisonniers de guerre. »

Signé KEITH.

Soldats ! nous saurons répondre à une
telle insolence par des victoires ; préparez-
vous à combattre.

Signé KLÉBER.

La lettre de Keith avait excité l'indignation, l'énergie de ce peu de mots enflamma
le courage de tous les Français ; et ces

mêmes hommes qui naguères n'aspiraient qu'après leur retour en France, brûlaient tous d'impatience d'en venir aux mains : on n'entendait qu'un cri de guerre unanime.

Les administrations et les dépôts se retirèrent sur sur Gyzéh. En passant par l'île de Raoudah pour m'y rendre, j'y rencontrai un corps de trois mille hommes qui venaient de la haute Egypte, et je remarquai parmi eux cette gaieté, présage de la victoire. Les pantalons rouges, dits à *évacuation*, avaient cessé d'être un titre de recommandation ; ils n'excitaient plus que le sarcasme et la raillerie. Il est vrai que les soldats de la haute Egypte étaient ceux qui regrettaient davantage le pays.

La journée du lendemain se passa en préparatifs. A minuit, Kléber partit du quartier-général, et se rendit dans le plus grand silence à la Coubbéh. L'armée se mit en mouvement sur les trois heures du matin ; nous entendîmes bientôt après les premiers coups de canon, et avant la fin du jour l'armée ottomane, six fois plus nombreuse que la nôtre, fut entièrement culbutée et mise en déroute.

Le général Galbaud, envoyé par le gouvernement français, avait débarqué à Damiette que les Turks occupaient déjà; et, malgré la foi des traités, ils le retinrent lui et sa famille, et leur firent éprouver de mauvais traitemens. Kléber, en signifiant la déclaration de guerre au grand visir, l'avertit qu'il garderait Moustaffa pacha en ôtage, jusqu'à ce qu'on lui eût rendu le général Galbaud. Nassif pacha, qui commandait l'avant-garde ennemie, et qui venait d'être forcé dans ses retranchemens à Mattaryéh, demande à parlementer, et qu'on lui envoie un officier de marque. Le général en chef, toujours confiant, lui députe le chef de brigade Baudot qui, à peine arrivé, se vit aussitôt assailli par une foule de ces barbares qui le blessèrent à la main et à la tête. Deux Mamlouks ne parvinrent qu'avec beaucoup d'efforts à le soustraire à ces assassins, pour le conduire au quartier du grand visir qui le retint comme ôtage pour Moustaffa, et comme garant de notre bonne foi. C'est pourtant ce même grand visir qui, fuyant bientôt après dans les plaines de

Mattaryéh et d'Héliopolis , criait à la perfidie française.

La défaite des ennemis n'eut portant pas
d'abord tout le succès qu'on en attendait ;
ils surent employer à propos une ruse de
guerre qui coûta la vie à bien du monde ,
et c'est ici que l'oracle des devins va malheureusement s'accomplir à la lettre. Nassyf
pacha dont nous avons déjà parlé, se déroba
bientôt après , au fort de la mêlée , et
prenant un long circuit, il arriva aux portes
de la capitale , accompagné des anciens chefs
du gouvernement , excepté Mourad - Bey ,
et à la tête de dix mille cavaliers turks , de
deux mille Mamlouks , et de huit à dix
mille habitans des villages qu'il avait armés :
il proclama la victoire aux musulmans , dit
que l'armée française était détruite, et qu'il
fallait en exterminer les restes qui se trouvaient au Kaire. Secondé des beys , il eut
bientôt soulevé le peuple du Kaire , qui le
reçut avec de grandes acclamations. Les
habitans de Boulac , excités par des Osmanlis qui s'y étaient déjà glissés , avaient ,
dès - le matin , levé l'étendart de la révolte.

Dès-lors , les massacres commencèrent.

Nassyf pacha se rendit de suite à la contrée des Européens, dite des Francs; la multitude l'y suivit. Il en fit ouvrir les portes, et tandis que des négocians implorent sa protection, en lui montrant un firman qui devait leur tenir lieu de sauve-garde, la populace et les soldats enfoncent, brisent tout, égorgent sans distinction d'âge, de nation, tous ceux qui ne peuvent échapper aux bourreaux, et leurs cadavres sont jetés dans le khralydj : on vit un domestique massacrer un négociant français qu'il servait depuis vingt ans, pour avoir son or. C'est ainsi que périrent la plupart de ces malheureux qui avaient témoigné tant de regrets sur l'évacuation de l'Egypte : privés de sépulture, leurs membres déchirés, dispersés, vont pourrir sur cette terre qu'ils ne voulaient point abandonner. Ils n'ont pas même eu la satisfaction d'apprendre que nous étions les vainqueurs, et que le triomphe de leurs assassins n'étaient que passager. Les uns disent qu'ils n'avaient pas été avertis du jour de l'attaque; d'autres, qu'ils l'avaient été trop tard. Il est certain que plusieurs Français avaient le même sujet de plainte ; et moi - même, je n'ai eu que le temps de faire emporter mes principaux effets. Mais n'est-il pas possible aussi que le général craignit de divulguer le jour de l'attaque, dans un quartier, sur-tout, où des étrangers étaient fortement soupçonnés de servir la cause de nos ennemis : en pareilles circonstances, il est bon de se guider sur les bruits sourds qui se répandent.

Le pacha accourut ensuite au quartier général, maison d'Elfy-Bei, l'un des principaux assaillans. Mais l'ennemi y rencontra une toute autre résistance. Il fut accueilli avec un feu si vif, si soutenu, que les chefs désespérant d'en venir sitôt à bout, prirent le parti de faire retrancher leurs troupes dans les maisons environnantes qui donnent sur la place. Chose étonnante ! il y avait à peine deux cens hommes au quartier général, sous les ordres de l'adjudant général Duranteau, et ces deux cens hommes ont tenu pendant près de deux jours contre une armée et un peuple révolté. Si Nassyf pacha se fût d'abord porté au quartier général, ces braves n'auraient pas eu le temps de prendre si bien leur dispositions , et il eût fait peut-être beaucoup de mal ; mais la soif de l'or le dirigea de suite au quartier du commerce.

Cet échec ne fit qu'accroître la rage de l'ennemi. Le soulèvement devient général, on menace de mettre le feu aux maisons de ceux qui ne sortent pas, le drapeau blanc est arboré par-tout , les minarets retentissent d'imprécations contre les infidèles, les Mamlouks et les janissaires parcourent la ville, la multitude pousse des cris affreux , plus de cinquante mille hommes sont armés de fusils, les autres portent des piques et des bâtons , et les femmes et les enfans témoignent leur joie par leurs ouloulous. Alors, Grecs , Coptes , Syriens , tout ce qu'on put saisir fut massacré ou mis aux fers , et leurs corps restèrent exposés dans la rue aux insultes de la populace ; les juifs seuls furent épargnés , on se contenta de les renfermer. Les musulmans qui avaient rendu des services aux Français , n'échappèrent point à ces furieux ; l'agha des janissaires , arraché de sa maison , fut empalé par ordre des chefs. La populace alors, se croyant, par ce supplice , encore plus assurée de l'impunité se livre entièrement à tous les excès imaginables. Huit Français qui étaient à la garde de l'agha, entreprirent de se faire jour, les armes à la main ; et après s'être battus dans les rues, l'espace d'une heure, ces intrépides guerriers eurent le bonheur d'effectuer leur retraite sur la citadelle , poursuivis par une multitude des gens armés, non moins étonnés que furieux d'une action aussi hardie. Ces braves leur avaient enlevé une pièce de canon qu'ils furent obligé d'abandonner, pour secourir et porter à la citadelle trois de leurs camarades qui avaient été blessés. Que ne purent-ils aussi sauver l'agha!

Cependant , les deux cens Français soutenaient toujours le siège contre les forces réunies des Osmanlis, des Mamlouks et des révoltés ; l'ennemi les pressait vivement , et leur courage eût sans doute succombé à la fin. Heureusement , le général Lagrange arriva le second jour au soir, avec quelques troupes , apportant la nouvelle officielle e la déroute de l'ennemi. La défense du uartier général fut mise alors sur un pied lus respectable ; mais la citadelle et le fort puy, qui manquaient de munitions, ne

bombardaient que lentement et par inter-
valles. Le général Friant arriva quelques
jours après , et fit quelques attaques heureuses ; mais il reconnut bientôt combien il
était difficile de pénétrer dans l'intérieur du
Kaire. On trouvait dans toutes les rues , et,
pour ainsi dire, à chaque pas, des barricades
en maçonnerie , de douze pieds d'élévation
et à deux creneaux ; et, à défaut d'armes,
l'ennemi faisait pleuvoir, des terrasses et des
fenêtres , des pierres , des pièces de bois ,
et généralement tout ce qui se trouvait
sous la main. On peut dire que ces gens là
montrent le plus grand courage derrière
un mur , ne fussent-ils masqués que par
deux ou trois pierres.

Enfin , le général en chef arriva le 6
germinal. Il voulut , avant tout, essayer les
moyens de conciliation , et il réussit en effet
à faire capituler les ennemis. Mais il fut
encore trompé dans ses espérances ; à l'é-
poque fixée , ils refusèrent de livrer les
portes : le général fut donc obligé de re-
nouveler les hostilités.

Mais Kléber n'avait pas encore réuni
assez de moyens militaires, pour espérer un
succès

succès complet d'une attaque générale. Il répugnait, d'ailleurs, à prendre de vive force cette ville qu'il voulait conserver, et il préférait toujours les moyens de conciliation. Deux jours avant la bataille de Mattaryéh, il avait cherché à s'assurer des dispositions de Mourad-Bey qui, depuis le traité d'el-A'rych, avait en plusieurs occasions témoigné le desir de vivre en amitié avec nous. Le bey ayant répondu que les Français n'avaient qu'à livrer bataille au visir, et qu'il était prêt à passer dans leur camp, le général fit savoir à ce prince qu'il desirait seulement qu'il ne 'prît aucune part au combat. Mourad-Bey se retira en effet avant l'action , et il refusa de se jeter dans le Kaire, malgré les sollicitations d'Ibrahym-Bey. Le général en chef, connaissant son influence en Egypte, et principalement au Kaire, renoua les pourparlers avec Mourad qui lui envoya un bey de sa maison, avec plein pouvoir de traiter. Les instructions portent la trempe du caractère de cet homme extraordinaire. « Vous déclarerez aux Français, dit-il à son envoyé, que je m'unis à eux aujourd'hui, parce qu'ils m'ont mis dans

R

l'impossibilité de continuer la guerre. Je demande à m'établir dans une partie de l'Egypte, afin que, s'ils la quittent, je m'empare, avec le secours qu'ils me fourniront, d'un pays qui m'appartient, et qu'eux seuls pouvaient m'enlever. Je jure d'unir mon sort au leur jusqu'à cette époque, et je serai fidèle à nos conventions. —

La province de Girgéh et quelques autres dépendances furent accordées à Mourad-Bey, moyennant une redevance annuelle. Il devait, en cas de besoin, nous fournir un contingent de troupes, et nous, lui porter secours, s'il était nécessaire, pour lui assurer le maintien de ses possessions.

Aussitôt après l'échange du traité, Mourad-Bey nous fit parvenir des subsistances, livra les Osmanlis qui s'étaient rassemblés dans son camp, et entretint des intelligences dans le Kaire, pour préparer à une capitulation ; mais voyant que son influence n'avait pas un effet assez prompt, il proposa d'incendier la ville, et nous fit parvenir, à cet effet, des barques chargées de roseaux.

Derwich pacha, qui avait pris possession

de la haute Egypte en vertu du traité d'el-A'rych, avait, à la nouvelle de la reprise des hostilités, ramassé dix mille hommes, tant Arabes que fellahhs. Kléber écrivit à Mourad de se porter contre lui ; mais le prince du Saïd l'avait prévenu, et il informa le général que d'après les ordres qu'il avait expédiés, le pacha avait déjà été abandonné des deux tiers des siens. « Au reste, ajouta Mourad, faites - moi savoir si vous demandez sa tête, ou si vous exigez seulement qu'il se retire de l'Egypte. »

Le siége du Kaire se continuait toujours avec activité, et sa durée et le peu de progrès que nous faisions ne laissaient pas que d'inquiéter, d'autant plus que nous n'étions pas encore maîtres de Damiette, Lesbéh et autres postes importans. ous apprîmes enfin l'heureuse nouvelle ne le général Belliard avait, en moins 'une demi-heure, et avec douze à quinze hommes, battu et dispersé un corps e douze mille, enlevé leurs pièces de ca-, et pris à la fois Damiette et Lesbéh : fûmes bientôt après maîtres de tout le

Delta. Le général Belliard fut alors rappelé au Kaire où il arriva le 23 germinal avec la 21. lég ère. Ce nouveau renfort et un convoi de munitions venu en même temps de Rosette, donnèrent les moyens d'exécuter une attaque générale sur cette ville. Mais il fallait auparavant réduire Boulac qui ne tenait pas avec moins d'opiniâtreté, et dont la résistance donnait du courage aux rebelles du Kaire.

Le 21, Boulac fut donc sommé de se rendre : les habitans rejetèrent toute proposition, en répondant fièrement qu'ils suivraient le sort du Kaire, et que si on les attaquait, ils se défendraient jusqu'à la mort. Le 25, le général Friant fit cerner la ville, et l'on commença par la bombarder vivement, espérant par là amener les habitans à la soumission ; mais ils firent feu pour toute réponse. Alors, le canon bat en brèche, on marche au pas de charge, et les soldats s'élancent à l'envi sur tous les retranchemens : la plupart sont emportés d'assaut, quelques-uns résistent ; l'ennemi se défend avec le plus grand acharnement, et chaque maison est pour lui une nouvelle forteresse qu'il faut réduire par le feu ou la force. La fureur et le désespoir sont au comble, et au milieu de cet affreux désordre un nouveau pardon est encore rejeté. Le combat recommence avec plus d'acharnement, la ville est livrée aux flammes et au pillage, et les habitans à la discrétion du vainqueur. Le sang coule à grands flots dans les rues, un embrásement général menace de sa destruction entière cette florissante cité en proie à toutes les horreurs de la guerre ; et ce n'est qu'à cette dernière extrémité que les vaincus viennent implorer la clémence du vainqueur. Le pardon est de suite proclamé ; mais de long-temps Boulac ne se relevera de ces désastres ; la plupart de ses maisons n'offrent plus qu'un monceau de ruines et de cendres, et depuis huit jours cette ville brûle encore.

L'attaque générale du Kaire devait avoir lieu le lendemain ; mais, chose extraordinaire pour ces climats, une forte pluie qui dura presque toute la soirée en retarda l'exécution, non seulement parce qu'il eût été moins facile d'incendier les maisons, mais parce que les rues n'étant point pavées, le soldat aurait trouvé de la boue jusqu'à mi-jambe, et il eût agi avec moins de vigueur en s'exposant davantage.

Elle eut lieu le 28, et fut terrible sur tous les points. Les bombes, les obus pleuvaient sur cette ville rebelle, le canon ronflait de tous côtés, et la fusillade la plus vive et la plus soutenue se fit entendre toute la nuit. L'incendie se manifesta en plusieurs endroits, et à chaque instant on voyait de nouvelles maisons dévorées par les flammes qui firent plus de ravage ce jour là, qu'elles n'en avaient fait depuis le commencement du siége. Nous tuâmes beaucoup de monde dans cette affaire mémorable ; mais nous eûmes aussi à regretter bien des braves, sans pouvoir nous rendre maîtres de la ville. Le général Belliard qui avait fait des prodiges de valeur à la prise de Boulac, et qui commandait le centre dans cette attaque ci, fut dangereusement blessé et sa troupe maltraitée, les uns disent par méprise de notre part, les autres par jalousie ; mais je n'ose croire que dans des circonstances aussi graves l'amour propre puisse l'emporter sur le bien public.

Le général Reynier se distingua beaucoup aussi dans cette attaque; il avait pénétré par la porte ech-Charyeh jusqu'au quartier franc.

L'explosion d'une mine qu'on avait pratiquée sous un poste nombreux occupé par les ennemis, avait été le signal de l'attaque. Ils furent tous ensevelis sous ses ruines.

Quoique cette affaire n'ait pas eu tout le succès qu'on en attendait, puisqu'elle se réduisit à l'occupation de quelques postes de plus, elle jeta néanmoins les habitans dans le deuil et l'effroi, et amena les ennemis à une meilleure composition. L'exemple de Boulac dont ils voyaient encore s'élever des tourbillons de flamme et de fumée, la certitude de l'occupation de Damiette et du Delta, et les intelligences que Mourad-Bey avait dans le Kaire, les déterminèrent enfin à un accommodement. Ils ne voulurent pas d'abord accéder aux conditions prescrites par le général, mais ils demandèrent une suspension d'armes; et comme elle leur fut refusée par rapport à leur manque de foi si souvent réitéré, ils eurent la bonhommie de prier le général de ne pas les attaquer aussi vigoureusement que le 28 ; ce qu'il ne voulut pas non plus leur promettre, et le soir il y eut une nouvelle attaque où l'on enleva à l'ennemi plusieurs postes qu'il défendit faiblement. Le lendemain du 1.er floréal, Nassyf pacha renvoya au général en chef la capitulation acceptée et signée de sa main : nous allons la rapporter.

CAPITULATION accordée par le Général en Chef Kléber à Nassyf pacha, Othman Effendy et Ibrahym-Bey, pour l'évacuation du Kaire par les troupes ottomanes et les Mamlouks.

ARTICLE I.er Le général en chef accorde un délai de trois jours, à compter de demain 2 floréal jusqu'au 5, pour les préparatifs nécessaires au départ des troupes ottomanes et des Mamlouks.

Demain, à sept heures du matin, tous les quartiers de la ville du Kaire, situés sur la rive gauche du canal, dans toute la longueur de la ville, seront abandonnés par les troupes ottomanes, et occupés par les Français.

II. Les troupes ottomanes et les Mamlouks pourront emporter leurs bagages et leurs armes; mais les pièces d'artillerie seront laissées par eux dans les lieux où elles sont en ce moment établies dans la ville du Kaire.

III. Le général en chef fournira aux troupes mentionnées ci-dessus cent chameaux chargés de biscuit, et cent charges d'orge ou de fèves : il leur laisse la faculté de requérir dans la ville du Kaire le supplément nécessaire de ces bêtes de somme, et un nombre suffisant d'outres, pour le transport desquelles il leur sera fourni de cent à deux cens chameaux à Ssaléhhyéh.

IV. Les Osmanlis et les Mamlouks sortiront de la ville du Kaire, par la porte des Victoires, à la pointe du jour, le 5 floréal, correspondant au 3o du mois dyl-hhadjéh : ils s'arrangeront de manière à ce qu'à midi précis aucun individu faisant partie des susdites troupes, autres que les blessés qui seront reçus et traités dans les hôpitaux français, ne se trouvent dans la ville. Ces

troupes coucheront le même jour à quatre
heures de marche de la ville du Kaire, le
deuxième à Belbeys, le troisième à Koraïm,
et le quatrième à Ssaléhhyéh, où, conformément à leur demande, elles séjourneront
quarante-huit heures, pour faire de l'eau,
et continueront ensuite leur route pour la
Syrie, en passant par Katthyeh et el-
A'rych.

V. Pour garantir les troupes mentionnées
ci-dessus de toute insulte, elles seront sous
la protection du général de division Reynier,
ayant avec lui un de ses généraux de brigade,
et l'escorte suffisante.

VI. Tous les prisonniers français qui pourraient être au pouvoir des Osmanlis ou des
Mamlouks, seront rendus et échangés contre
un pareil nombre de prisonniers musulmans
au pouvoir des Français.

VII. Le général en chef accorde un pardon
général et particulier aux habitans du Kaire
et de toute l'Egypte, qui auraient pu
prendre parti pour les ennemis des Français;
mais aucun habitant du Kaire ne pourra
sortir de la ville, pour suivre l'armée ottomane.

VIII. Pour assurer la garantie des articles ci-dessus, les ennemis donneront au général en chef, comme ôtage, le personnage immédiatement au dessous de Nassyf pacha, et les Mamlouks, un bey du premier ordre. Les Français, de leur côté, fourniront un officier général.

IX. Les échanges d'ôtages se feront demain à sept heures du matin, sur la place Ezbekyéh, par les chargés de pouvoir du général en chef Kléber, et ceux de Nassyf pacha et d'Ibrahym-Bey.

On conviendra de suite des dispositions particulières pour l'établissement des postes des deux partis sur les deux rives du canal.

Au Kaire, le premier floréal an 8 de la République française.

Signé NASSYF pacha, OTHMAN EFFENDY et IBRAHYM-BEY.

L'échange des ôtages eut lieu le 2, sur la place Ezbekyéh. Les nôtres coururent de grands dangers ; c'étaient l'adjudant général René, et le capitaine Tiuche, son adjoint : ils furent assaillis par la populace

qui les eût infailliblement assassinés sans
la conduite ferme d'Elfy-Bey qui n'eut que
le temps de les renfermer dans une mosquée dont lui et ses Mamlouks furent obligés de défendre l'entrée, le sabre à la
main, jusqu'à ce que la nuit permit au bey
de les conduire à sa maison ; car on sait que
les Turks n'ont point l'habitude de se battre après le coucher du soleil : aussi était-
ce précisément ce temps là que le général
en chef choisissait pour renouveller ses attaques ; on ne s'occupait guère le jour qu'à
tirailler.

Les ôtages furent réciproquement rendus
le 5, et les ennemis évacuèrent entièrement
la ville avant midi. Ils emmenèrent avec
eux plusieurs chefs de l'insurrection ; et une
quantité considérable d'habitans les suivit,
pour se cacher dans les villages, voulant
éviter la vengeance des Français qu'ils ju-
geaient, d'après leurs principes, devoir être
terrible. Mais cette vengeance ne s'exerça
que sur les bourses : une contribution de
douze millions, payables moitié en nature,
moitié en numéraire, fut imposée sur le
commerce de cette ville et de Boulac, et

sur les riches qui avaient pris le plus de part à l'insurrection. Cette contribution et quelques autres imposées extraordinairement sur Damiette et autres villes rebelles seront d'un grand secours pour combler le déficit de l'arriéré, et mettre la solde de l'armée au courant.

Ainsi finit ce siége meurtrier qui nous a coûté beaucoup plus de monde que les batailles de Mattaryéh et d'Héliopolis, et la reprise de tout le reste de l'Egypte. On dit que la moitié au moins de l'armée turke y a péri, et un nombre considérable d'habitans. Il y avait parmi les insurgés quelques Français qui nous ont fait beaucoup de mal.

Les Anglais avaient débarqué, au commencement de germinal, des troupes et de l'artillerie à Souès. Le général en chef, averti par Mourad-Bey, y envoya un détachement après la prise de Boulac; mais le commandant anglais, instruit de nos succès, avait fait rembarquer son artillerie et ses troupes. Il n'avait laissé que cinquante des siens et des soldats étrangers, pour défendre la place que nous attaquâmes et prîmes le même jour, 1.er floréal. Cette attaque fut si impétueuse, et l'ennemi culbuté de la grande redoute avec tant de précipitation, que nos soldats entrèrent dans la ville pêle et mêle avec lui. En s'éloignant, les Anglais brûlaient les bâtimens marchands qui avaient pris le large au moment du combat.

Deux jours furent employés à détruire les barricades et fortifications des Turks dans l'intérieur de la ville du Kaire ; et, le 7 floréal, le général en chef y fit son entrée triomphante par la porte des Victoires, au bruit des décharges de l'artillerie de l'armée et des forts. Dans cette mémorable campagne on avait pris à l'ennemi cent dix-sept drapeaux, plus de soixante pièces de canon et une quantité considérable de caissons et autres munitions de guerre.

Le 10, le général eut une entrevue avec Mourad-Bey, avant le départ de celui-ci pour le Saïd. La maison de plaisance de ce prince, située à Gésyréh, non loin de Gyséh, fut choisie pour le lieu des conférences ; et ces deux guerriers se retirèrent très-satisfaits l'un de l'autre. On dit que Mourad-Bey fit un grand éloge de l'infanterie française et

de l'artillerie. Il est certain que les Mamlouks redoutaient beaucoup moins la cavalerie ; mais il faut convenir que le turban
et la cotte-maille leur donnaient un grand
avantage sur nos cavaliers.

Avant de quitter Gyzéh , je voulus visiter les fours où l'on fait éclore les poulets.
L'emplacement est une longue galerie où
l'on voit de chaque côté une série de cellules
à double étage , exactement dans la forme
de nos fours. La cellule du bas étage communique à la supérieure par une ouverture
pratiquée au milieu , et celle-ci reçoit le
jour par une semblable ouverture , mais
plus petite. La bouche de chaque four ou
cellule donne sur la galerie. Cette bouche
est si étroite , qu'un homme a de la peine
à y passer : elle est close les dix ou douze
premiers jours , après quoi on l'ouvre. Le
poulet reste environ vingt jours à éclore :
il est peu d'œufs qui ne réussissent.

On a dépecé les coques d'une fournée en
notre présence. Cette opération se fait très-
vite, et sans beaucoup de ménagement pour
ces petites bêtes qu'on jette à l'extrémité
du four les unes sur les autres, comme des

pierres sur un tas : néanmoins il en périt
rarement. A peine les poussins ont-ils vu le
jour , que leur premier mouvement est de
piauler , le second de chercher leur nourriture ; mais ils en sont privés tout le temps
qu'ils restent dans le lieu de leur naissance,
d'où ils sortent vers le troisième jour pour
être vendus , ou remis à leurs propriétaires.
Ces fourmillières de babillards, car il y en
a des milliers , sont vraiment curieuses et
intéressantes. Les gens préposés à ce travail
sont tellement faits à la température convenable , qu'ils n'ont d'autre guide que l'instinct de l'habitude. Au reste , cette méthode
ingénieuse de propager l'espèce est nécessaire dans un climat où je ne me rappelle
pas avoir vu une poule témoigner le moindre desir de se trouver à la tête d'une petite famille.

Le pont de bateaux qui depuis long-
temps avait été commencé, pour servir de
communication , par l'île de Raoudah , entre le Kaire et Gyzéh , fut terminé avant la
fin du siège, et devint très-utile pour l'ac-
célération du transport des munitions de
guerre et de bouche. On doit y établir un

péage

péage pour le passage d'une rive à l'autre, et pour celui des barques. Les Français ne seront point soumis à ce droit.

Le 15 floréal, je suis reparti pour le Kaire où j'ai été obligé de me choisir une nouvelle demeure sur la place Ezbekyéh , la maison que j'occupais ayant été incendiée. Cette ville a beaucoup plus souffert du siége, que je ne l'avais cru : des quartiers entiers sont détruits. Mais c'est sur-tout du côté de cette place qu'on est horriblement frappé des images de la destruction ; on ne peut faire un pas sans marcher sur des ruines , et sentir les odeurs cadavéreuses qui s'en exhalent. Les soldats, attirés par le butin, cherchent les victimes sous les décombres , et chaque découverte ajoute une nouvelle horreur à ce spectacle épouvantable. La plupart des chrétiens qui , à la faveur de la proximité du quartier-général , avaient eu le bonheur d'échapper au massacre, et de se rendre à Gyzéh , n'ont pas eu celui de retrouver leurs pénates , à leur rentrée au Kaire.

Le général en chef vient de prendre un arrêté qui défend à tout habitant du Kaire de donner asyle à aucun Osmanlis ou Mamlouks : tout contrevenant audit arrêté sera puni de mort, sa maison rasée, et ses biens confisqués.

On vient de proposer à l'armée l'acceptation de la nouvelle constitution ; elle a été unanime. Le civil n'a pu que l'accepter d'esprit et de cœur ; car on n'a point demandé son avis : depuis long-temps il est compté pour rien.

Il était arrivé une quantité considérable de lettres de France : nous nous en réjouissions tous ; mais le général D....g a jugé à propos de les retenir, et l'on soupçonne bien qu'il ne se serait point permis une telle infraction de sa propre autorité.

Mourad est actuellement à Gyrgéh, lieu de sa résidence : on rapporte qu'à son passage il disait aux cheykhs des environs, qui venaient le saluer : *Je suis actuellement un sultan français ; les Français et moi ne sommes qu'un.*

On a saisi à Damiette des papiers, et notamment le journal d'un certain M. Morier, envoyé du lord Elgin auprès du grand visir. Ces papiers donnent un grand jour sur la perfidie de nos ennemis, et il n'y est question de rien moins que de se concerter pour *une ruse de guerre*. Il est certain que nous étions au bord du précipice ; mais la valeur l'a heureusement emporté sur ces petits stratagèmes, indignes d'une grande nation. On trouve aussi dans l'extrait de ce M. Morier, le passage suivant : *Ils disent que K..... ne pressera plus son départ, depuis qu'il a appris que B........ est monté en dignité, ou que, s'il retourne en France, il s'étayera de son armée, et cherchera sa justification dans ses propres forces.*

C'est ce même M. Morier qui, après la déroute du grand visir, malgré la petite ruse de guerre, écrivit au général Kléber, qu'il était enfin libre de passer en France avec ses troupes, et que sa majesté britannique avait ordonné à lord Elgin, son ambassadeur près la sublime Porte, de délivrer des passeports à cet effet. Kléber, vivement offensé, mais trop grand pour entrer en explication, se contenta de lui envoyer pour toute réponse, les deux passages suivans du journal ci-dessus:

« Il pensait (sir Sidney Smith) que la

» sûreté de l'empire turk dépendait de
» l'observation stricte de la convention, et
» que l'exécution du plan d'une *ruse de*
» *guerre* rejetterait les choses dans leur état
» primitif.

» J'observai à cela que je supposais que
» ce plan avait été proposé, dans l'idée que
» les Français n'avaient pas été sincères
» dans leurs premières ouvertures, la sûreté
» de l'empire turk exigeant quelque mesure
» vigoureuse de cette nature, pour délivrer
» l'Egypte de ses envahisseurs. »

Apprenant, en outre, que les Anglais,
sous prétexte de parlementer, abordaient
continuellement sur différens points de l'E-
gypte, pour s'aboucher avec le premier
officier français, le général mit à l'ordre
du jour l'arrêté ci-après, du 19 prairial :

« KLÉBER, général en chef, ordonne :

« Il ne sera permis à aucun parlementaire
ennemi, de descendre à terre sur aucun
point de la côte de l'Egypte.

» Les dépêches de ceux qui se présenteraient devant Alexandrie, seront reçues
à l'entrée du port Neuf; les dépêches de
ceux qui se présenteraient devant Rosette

ou Damiette, seront reçues en dehors du Boghaz.

« Ceux qui se présenteraient sur tout autre point de la côte, tels qu'Abou-Kyr, Bourlos, Dibéh ou Om-Farège, seraient renvoyés sur Alexandrie, Rosette et Damiette, sans que les commandans de ces postes puissent entrer en pourparler avec eux, ni se charger des lettres dont ils seraient porteurs, qui, dans tous les cas, ne seront reçues qu'en prenant les précautions prescrites par les réglemens sanitaires.

« Les parlementaires qui ne seraient pas porteurs de dépêches, et qui voudraient simplement entrer en conférence, seront renvoyés sur-le-champ. »

En prenant toutes ces précautions, ce fier guerrier, qui avait su avec tant de courage se soustraire lui et ses troupes au piège qu'on leur avait tendu, était bien loin de prévoir qu'il allait tomber sous les coups d'un lâche assassin.

MORT DE KLÉBER.

Commandement de MENOU.

PROCÈS-VERBAL de la visite du cadavre du Général en Chef KLÉBER.

Le vingt-cinquième jour de prairial, l'an 8 de la République, nous soussignés médecin en chef, et chirurgien de première classe, faisant, par *interim*, fonction de chirurgien en chef, appelés vers les deux heures au quartier-général, place Ezbekyéh, au Kaire, par la générale qui battait, et la rumeur publique qui annonçait que le général en chef Kléber venait d'être assassiné ; nous l'avons trouvé venant de rendre le dernier soupir. Un examen attentif a prouvé qu'il avait été frappé d'un instrument aigu et tranchant : il avait reçu quatre blessures ; la première, à la partie supérieure de l'hypocondre droit, et péné-

trant dans l'oreillette droite du cœur ; la seconde, cinq travers de doigt au dessous de
la première, et donnant issue à une portion
de l'épiploon ; la troisième, à l'avant-bras
gauche, pénétrant d'une part à l'autre entre le radius et le cubitus ; la quatrième,
à la partie moyenne et externe de la cuisse
droite. De quoi nous avons dressé procès-
verbal, en présence de l'ordonnateur des
guerres Sartelon qui a signé avec nous,
pour remise dudit acte être faite au général
chef de l'état-major général.

Au quartier-général du Kaire, l'an et jour
ci-dessus, à trois heures après midi.

Au quartier-général du Kaire, le 20
prairial an 8.

MENOU, Général de Division,

Commandant en Chef l'Armée d'Orient, par
interim,

A L'Armée.

Soldats !

Un horrible attentat vient de vous enlever un général que vous chérissiez et res-

pectiez. Un ennemi qui ne mérite que le mépris et l'indignation du monde entier, un ennemi qui n'avait pu vaincre les Français commandés par le brave Kléber, a eu la lâcheté de lui envoyer un assassin. Je vous dénonce, je dénonce au monde entier, le grand visir, chef de cette armée que vous avez détruite dans les plaines du Mattaryéh et d'Héliopolis. C'est lui qui, de concert avec son agha des janissaires, a mis le poignard à la main du nommé *Soleyman el-Hhaleby*, qui, parti de Gaza depuis trente-deux jours, vous a enlevé hier, par le plus noir des assassinats, celui dont la mémoire doit être chère à tout bon Français.

Soldats, Kléber avait dissipé, en marchant à votre tête, cette nuée de barbares qui, de l'Europe et de l'Asie, étaient venus fondre sur l'Egypte.

Kléber, en dirigeant vos invincibles cohortes, avait reconquis l'Egypte entière en dix jours de temps.

Kléber avait tellement restauré les finances de l'armée, que tout l'arriéré était payé, et la solde mise au courant.

Kléber, par les réglemens les plus sages,

avait réformé une grande partie des abus presque inévitables dans les grandes administrations.

Le plus bel hommage que vous puissiez rendre à la mémoire du brave Kléber, est de conserver cette attitude fière et imposante qui fait trembler vos ennemis par-tout où vous portez vos pas ; c'est de vous astreindre vous-mêmes à cette discipline qui fait la force des armées.

C'est de vous rappeler sans cesse que vous êtes des républicains, et que par-tout vous devez donner l'exemple de la moralité et de l'obéissance à vos chefs, comme vous donnez par-tout celui du courage et de l'audace dans les combats.

Soldats, l'ancienneté de grade m'a porté provisoirement au commandement de l'armée. Je n'ai à vous offrir qu'un attachement sans bornes à la République, à la liberté et à la prospérité de la France.

J'invoquerai les mânes de Kléber, j'invoquerai le génie de Bonaparte ; et marchant au milieu de vous, nous travaillerons tous de concert pour l'intérêt de la République.

L'armée connaîtra incessamment tous les détails de l'horrible assassinat, ainsi que de la procédure qui a lieu pour la recherche et la punition de l'assassin et de ses complices.

Signé M E N O U.

Au quartier-général du Kaire, le 26 prairial an 8.

MENOU, GÉNÉRAL DE DIVISION,

Commandant provisoirement l'Armée,

Ordonne :

1.° Il sera formé une commission pour juger définitivement l'horrible assassinat commis dans la journée du 25 prairial sur le général en chef Kléber.

2.° Elle sera composée de neuf personnes; savoir :

Le général de division Reynier,
Le général de brigade Robin,
L'ordonnateur de la marine Leroy,
L'adjudant général Martinet,
L'adjudant général Morand,
Le chef de brigade Goguet,

Le chef de brigade du génie Bertrand,

Le chef de brigade d'artillerie Faure,

Le commissaire des guerres Regnier,

L'ordonnateur des guerres Sartelon fera les fonctions de rapporteur,

Le commissaire des guerres Le Père, fera les fonctions de commissaire du pouvoir exécutif.

3.º La commission choisira le greffier.

4.º La commission ordonnera les arrestations, les mises en prison, généralement enfin tout ce qu'elle jugera nécessaire pour découvrir les auteurs et complices du crime.

5.º Elle décernera le genre de supplice qu'elle jugera convenable pour punir l'assassin qui a commis le crime, ainsi que ses complices.

6.º Elle s'assemblera aujourd'hui 26, et continuera ses séances jusqu'à ce que le procès soit terminé.

Signé MENOU.

Pour copie conforme :

L'Adjudant général, Sous Chef de l'État-major général,

Signé RENÉ.

J U G E M E N T (1).

L'an 8 de la République française, et le 27 prairial, dans la maison occupée par le général de division Reynier, se sont assemblés, en vertu de l'arrêté du général Menou, commandant l'armée d'Orient, *par interim*, du jour d'hier, le général de division Reynier, le général de brigade Robin, l'ordonnateur de la marine Leroy, l'adjudant général Martinet, l'adjudant général Morand, le chef de brigade d'infanterie Goguet, le chef de brigade d'artillerie Faure, le chef de brigade du génie Bertrand, et le commissaire des guerres Regnier, le commissaire ordonnateur Sartelon faisant fonction de rapporteur, et le commissaire des guerres Le Père faisant fonction de commissaire du pouvoir exé-

---

(1) La procédure de cet assassinat étant une pièce authentique que bien des personnes desireraient avoir je me suis déterminé à l'insérer dans cet ouvrage ; mais comme sa longueur ferait trop perdre de vue l'ensemble que je me suis proposé, j'ai cru devoir la rejeter à la fin.

cutif, écrivant le commissaire des guerres, Pinet, greffier de ladite commission, pour procéder au jugement définitif de l'assassinat commis dans la journée du 25 de ce mois sur la personne du général en chef Kléber.

La commission assemblée, le général de division Reynier, président, a fait déposer devant lui, sur le bureau, un exemplaire dudit arrêté du général Menou, dont lecture a été faite; le rapporteur a ensuite fait lecture du procès-verbal d'information, et celle des pièces à charge et à décharge envers les prévenus Soleyman el-Hhaleby, Seyd A'bd el-Kadyr el-Ghazzy, Mohhamed el-Ghazzy, A'bd-Allah el-Ghazzy, Ahhmed el-Oualy, et Mohhamed Effendy.

Lecture faite, le président a ordonné que les prévenus seront amenés devant la commission, libres et sans fers, accompagnés de leur défenseur, les portes de la salle ouvertes, et la séance publique.

Le président, ainsi que les membres de la commission, ont fait différentes questions aux prévenus, par l'entremise du citoyen Bracewich, auxquelles ils ont répondu en persistant dans l'aveu de leur crime,

consigné dans leurs précédens interrogatoires.

Le président leur a demandé s'ils n'ont rien
à ajouter pour leur défense : leur défenseur,
nommé d'office, a pris parole, et n'ayant
plus rien à dire, le président a ordonné
que les accusés seront reconduits dans leur
prison par leur escorte.

Le président a demandé aux membres
de la commission, s'ils n'avaient pas d'observations à faire : sur leur réponse négative,
il a ordonné que tout le monde se retirât,
pour opiner à huit clos.

Il a posé la première question, ainsi qu'il
suit : *Soleyman el-Hhaleby, âgé de vingt-
quatre ans, domicilié à Alep, accusé
d'avoir assassiné le général en chef et le
citoyen Protain, architecte, dans le jardin
du quartier-général, le 25 du courant,
est-il coupable ?*

Les voix ont été recueillies, en commen-
çant par le grade inférieur ; la commission
a déclaré à l'unanimité que ledit Soleyman
el-Hhaleby est coupable.

Sur la seconde question : *Seyd A'bd el-
Kadyr el-Ghazzy, lecteur du Koran à la*

grande mosquée, dite el-Azhar, natif de Gaza, domicilié au Kaire, accusé de complicité, d'avoir été le dépositaire du projet d'assassiner le général en chef, de ne l'avoir pas révélé, et d'avoir fui, est-il coupable?

La commission a déclaré à l'unanimité qu'il est coupable.

Il a ainsi posé la troisième question : Mohhamed el-Ghazzy, âgé de 25 ans, lecteur de la grande mosquée, natif de Gaza, accusé d'avoir été le dépositaire du secret d'assassiner le général en chef, d'en avoir été instruit dans le moment où l'assassin se mettait en route pour l'exécuter, et de ne l'avoir pas révélé, est-il coupable?

La commission a déclaré à l'unanimité qu'il est coupable.

La quatrième question a été ainsi posée : A'bd-Allah el-Ghazzy, âgé de 3o ans, natif de Gaza, lecteur à la grande mosquée, accusé d'avoir reçu la confidence du projet d'assassiner le général en chef, et de ne l'avoir pas révélé, est-il coupable?

La commission a déclaré à l'unanimité qu'il est coupable.

La cinquième question a été ainsi posée.

Ahhmed el-Oualy , natif de Gaza , lecteur du koran à la grande mosquée , accusé d'avoir eu connaissance du projet d'assassiner le général en chef, et de ne l'avoir pas révélé , est-il coupable ?

La commission a déclaré à l'unanimité qu'il est coupable.

La sixième question a été ainsi posée : *Mohhamed Effendy , âgé de quatre-vingt-un an , natif de Bours , prévenu de complicité , est-il coupable ?*

La commission a déclaré à l'unanimité qu'il n'est pas coupable , et a ordonné sa mise en liberté.

Le commissaire du pouvoir exécutif a requis l'application de la peine de mort aux accusés ci-dessus déclarés coupables.

La commission est allée aux voix sur le genre de supplice à infliger aux coupables ; elle a fait lecture de l'article V de l'arrêté du général Menou, du jour d'hier, conçu en ces termes : « La commission décernera le genre de supplice qu'elle jugera » convenable pour punir l'assassin qui a » commis le crime, ainsi que ses complices. » Elle a décidé à l'unanimité de choisir

un

un genre de supplice en usage dans le pays pour les plus grands crimes, et proportionné à la grandeur de l'attentat, et a condamné Soleyman el-Hhaleby à avoir le poignet droit brûlé, être ensuite empalé, et rester sur le pal jusqu'à ce que son cadavre soit mangé par les oiseaux de proie. Cette exécution aura lieu sur la butte du fort de l'Institut, aussitôt après l'enterrement du général en chef Kléber, en présence de l'armée et des habitans réunis pour ledit enterrement. Elle a prononcé la peine de mort contre Seyd A'bd el-Kadyr el-Ghazzy, contumace ; ses biens seront confisqués et acquis à la République française, son jugement sera affiché au poteau destiné à recevoir sa tête. Elle a condamné Mohhamed el-Ghazzy, A'bd Allah el-Ghazzy et Ahhmed el-Oualy à avoir la tête tranchée et exposée sur le lieu de l'exécution : leurs corps seront brûlés sur un bûcher dressé dans ledit lieu à cet effet. Lesdits condamnés seront exécutés dans l'ordre suivant ; savoir : A'bd-Allah el-Ghazzy, Ahhmed el-Oualy, Mohhamed el-Ghazzy, et Soleyman el-Hhaleby le dernier.

T

Le présent jugement et les conclusions du rapporteur seront imprimés en langues turke, arabe et française, au nombre de cinq cens exemplaires, et seront affichés par-tout où besoin sera. Le rapporteur demeure chargé de faire ses diligences pour que le présent jugement soit mis à exécution.

Fait au Kaire, etc. (*Suivent les signatures des membres de la commission*).

Le présent jugement a été lu et expliqué aux accusés par le citoyen Lhomaca, interprète; ils ont déclaré n'avoir rien à ajouter à leurs précédentes réponses : il a été de suite exécuté le 28 du mois de prairial courant, à onze heures du matin, au lieu désigné. Au Kaire, le 28 prairial an 8.

Signés à la minute, SARTELON; PINET, *greffier.*

Pour copie conforme

PINET, *greffier.*

Le général Kléber a été enterré avec beaucoup de pompe dans le camp retranché de la ferme d'Ibrahym-Bey : le citoyen

Fourier, secrétaire perpétuel de l'institut, a prononcé son oraison funèbre.

Kléber avait de grandes qualités, et il était singulièrement aimé de son armée, officiers et soldats : avec de tels moyens, c'était peut-être l'homme le plus propre à conserver la colonie ; lui seul pouvait arrêter l'impulsion funeste qu'il avait donnée aux esprits, impulsion qui avait pris sa source dans cette jalousie qu'il portait à la gloire de Bonaparte ; et c'est dans le moment où, justement indigné des manœuvres de nos ennemis, il allait sans doute utilement seconder les vues du gouvernement, qu'il succomba sous le fer assassin. Cette nouvelle mit les soldats dans une fureur qui tenait du délire : ils couraient dans les rues, le sabre nu, frappant indistinctement tous les Turks qu'ils rencontraient. Dans un instant, les boutiques furent fermées.

Comme la maison du général en chef avait considérablement souffert du siège ; Kléber s'était déterminé à y faire faire, non seulement les réparations indispensables, mais encore, par la même occasion, quelques changemens avantageux à l'Européenne ; et il avait, en attendant que ce travail fût fini, fixé sa résidence à Gyzéh, dans l'ancienne maison de plaisance de Mourad-Bey. Ce jour-là, il était venu visiter les travaux, et c'est en causant avec l'architecte Protain, dans la grande galerie du jardin qui donne sur la place, qu'il reçut le coup de la mort. Le citoyen Protain, voulant le secourir, reçut du même assassin six blessures qui lui firent perdre connaissance. On rapporte qu'étant revenu de son évanouissement, il fut vers le général, alors appuyé contre le parapet, et que lui ayant voulu représenter la nécessité de prendre toujours une escorte dorénavant, Kléber n'eut que le temps de proférer ces paroles : *Mon ami, ce n'est pas le moment de me donner des conseils ; je me trouve bien mal ;* et à l'instant même, il tomba privé de sentiment.

Soliman, d'Alep, était un homme petit et svelte, un nain en comparaison de Kléber. La fermeté qu'il a montrée pendant son supplice prouve combien il était animé par le fanatisme. Il est à remarquer qu'aucun

Egyptien d'origine ne s'est trouvé compliqué dans cet assassinat.

Cependant, ce desir de retourner en France occupait encore les esprits, et sur-tout de quelques officiers supérieurs. Le général Menou qui connaissait toute la délicatesse de sa position, avait d'abord balancé à accepter le commandement pro-visoire. On n'ignorait point dans l'armée, qu'il s'était prononcé ouvertement contre la convention d'el-A'rych, et qu'à la suite de quelques lettres à ce sujet, entre le général Kléber et lui, il était tombé dans une sorte de disgrace dont il ne sortit, ainsi que d'autres personnages marquans, qu'après les évènemens mémorables qui suivirent la rupture de ce traité. Mais, enfin, ne consultant que son devoir et son dévouement à la chose publique, ce général n'hésita plus à se charger d'un fardeau si pénible ; et pour faire cesser toute incer-titude sur la conduite que l'honneur et l'amour de la patrie lui prescrivaient de tenir, il adressa la proclamation suivante à l'armée :

Au quartier-général du Kaire, le 6
messidor an 8.

LE GÉNÉRAL EN CHEF MENOU,

A l'Armée française d'Orient.

Généraux, officiers, sous-officiers et soldats, la vérité toute entière doit vous être connue; la voici:

Le Gouvernement français ayant appris en l'an 6, que les ennemis de la République formaient des projets pour s'emparer de l'île de Malte et de l'Egypte, résolut de les prévenir. Les intérêts du commerce du Levant, dont les bénéfices s'élevaient annuellement à près de cinquante millions, commandaient impérieusement cette mesure.

L'expédition de Malte et d'Egypte fut ordonnée; Bonaparte en fut chargé. Il avait été arrangé qu'au même instant que partirait l'armée, un ambassadeur français se rendrait à Constantinople, pour instruire le grand seigneur des motifs de l'invasion de l'Egypte : par une fatalité dont on ne peut que soupçonner la cause, l'ambassadeur ne fut point envoyé à Constantinople ; le grand seigneur ne fut point instruit des motifs du Gouvernement. Nos ennemis, les Russes et les Anglais, profitèrent avec adresse de cette circonstance, et forcèrent le grand seigneur à entrer dans la coalition qui, depuis plusieurs années, combat contre notre révolution et contre notre liberté. Des armées turkes, dirigées par les Anglais, vinrent débarquer à Abou-Kyr et à Damiette ; vous les renversâtes dans la mer : une autre armée, commandée par le grand visir en personne, s'achemina par la Syrie ; des négociations eurent lieu ; une capitulation, sur laquelle je ne me permets aucune réflexion, fut conclue : vous savez avec quelle perfidie elle fut rompue ; vous vous rappelez avec quelle indignation vous apprîtes que l'on voulait vous faire prisonniers de guerre, comme si vous aviez perdu deux ou trois batailles ; et par-tout vous aviez été triomphans.

L'armée ottomane s'avança ; vous l'attaquâtes à Matharyéh et Héliopolis : elle fut dissipée en un instant. Quelques restes de cette horde se jetèrent dans le Kaire ; vous fûtes obligés de faire le siège de cette ville ; elle capitula après un mois de blocus. Vous savez par quelle horrible attentat un chef, dont nous respectons tous la mémoire, vous fut enlevé. On n'avait pu vous vaincre en bataille rangée ; vos infâmes ennemis ont eu recours au poignard, croyant, par ce noir attentat, désorganiser l'armée de la République. Ils ne savent pas que l'assassinat de Kléber ne fait que redoubler votre audace et votre courage. Tout l'Orient dût-il se rassembler, vous vengerez dans son sang celui de votre général.

Mais qui désormais dirigera notre conduite ? qui nous dictera ce que nous avons à faire ? Celui qui seul en a le droit, le gouvernement de la République française. C'est à lui seul qu'il appartient de ratifier ou de rejeter tout ce qui pourrait avoir été conclu, tout ce qui pourrait l'être à l'avenir entre l'armée française et les puissances ennemies. Tous ceux (et je suis certain que c'est tous), tous ceux, dis-je, qui ne voudront entendre que la voix de l'honneur,

celle de l'attachement à la République et
à l'intérêt national, sentiront qu'il ne peut
exister d'autre voie légale et honorable de
conclure un traité quelconque avec nos
ennemis. Si je ne consultais que mon intérêt
privé ; si j'oubliais, pour un instant, que
je suis républicain ; si je pouvais préférer
à la prospérité publique ce qui m'est per-
sonnel ; ainsi que vous, je ne balancerais
pas un instant à vouloir retourner dans
mon pays. Mais, non, braves républicains,
ni vous ni moi ne pensons ainsi. L'intérêt
seul de la République nous dirigera ;
s'il le faut, nous combattrons et nous
vaincrons. Si l'on veut négocier, nous
écouterons les propositions qui nous seront
faites ; mais aucun traité ne pourra être
mis à exécution, qu'il ne soit ratifié par
notre Gouvernement. Vous connaissez tous
Bonaparte ; il vous a tant de fois conduits
à la victoire : c'est lui qui, en sa qualité
de premier consul de la République,
doit diriger notre conduite, éclairer notre
marche ; il saura tout, et placé au centre,
il nous fera connaître la volonté nationale.

Je viens de vous parler le langage de la

vérité, je n'en connaîtrai jamais d'autre. En suivant les exemples de Bonaparte et de Kléber, je tâcherai de mériter votre confiance et votre estime ; je ne passerai pas un instant sans m'occuper de vous, sans chercher ce qui peut vous être utile. Kléber avait commencé à rétablir les finances, j'achèverai son ouvrage. Désormais, votre solde sera journellement assurée, les dettes anciennes seront payées ; je tâcherai de détruire tous les abus: mais rappelez-vous qu'un instant fait le mal, et qu'il faut un temps considérable pour le réparer.

Obéissance aux chefs de tous les grades, discipline exacte et moralité; c'est ce que je demande à l'armée; c'est ce que je suis en droit d'exiger d'elle ; c'est ce que je lui répéterai sans cesse : mais nous sommes républicains, nous saurons en avoir les vertus. Quand un jour nous serons de retour dans notre patrie, nous nous glorifierons tous d'avoir fait partie d'une expédition qui aujourd'hui devient d'un si grand poids dans la balance politique de l'univers.

Signé MENOU.

Le général Menou fit aussi passer à M. Morier les notes que Kléber devait lui envoyer en réponse, notes dont nous avons déjà parlé, au moment où la mort l'enleva l'armée. Le général y ajouta le passage suivant :

« Cette note faisant connaître d'une manière non équivoque que le susdit Morier est un fourbe, chargé, dit-il, de mettre à exécution une ruse de guerre à l'ombre d'un traité, on a jugé qu'il était de la loyauté française de prévenir ce Morier, que tout individu qui à l'avenir se présenterait de sa part à l'armée de la République en Egypte, sera considéré comme espion, et traité en conséquence. Selon l'usage de toutes les nations, il sera pendu à un arbre ; le même sort lui est réservé, s'il osait s'y présenter lui-même. Ce Morier ne peut être que désavoué par le lord Elgin, au nom duquel il a l'audace de parler.

» On prévient aussi le susdit Morier, que cent cinquante-deux Anglais de différens grades, et à la tête desquels se trouve M. Courtenay Boyle, répondront au

général en chef du moindre mauvais traitement que pourrait essuyer à l'armée
ottomane le chef de brigade Baudot, aide-
de-camp du général en chef Kléber.

Par ordre :

Signé LÉVESQUE, *secrétaire du
général en chef.*

Peu de temps après, le chef de brigade
Baudot fut envoyé à Alexandrie, pour être
échangé contre Moustaffa pacha. Le citoyen
Baudot, après avoir reçu plusieurs coups de
sabre, comme nous avons dit plus haut,
fut ensuite lié, garotté et attaché à la queue
d'un cheval pendant la retraite du visir.
On eut la barbarie de le faire passer par
dessus quelques têtes de Français qu'on
venait de couper ; et il ne dut un peu de
nourriture, qu'à l'humanité d'un pacha.
Le citoyen Baudot se loue beaucoup de
M. Frankini, envoyé de Russie. A bord du
capitan pacha, il fut aussi traité comme on
se doit entre nations policées.

Le général Menou s'est de suite occupé
de divers réglemens militaires, et de toutes
les parties de l'administration. Il a réformé,

par des mesures sages et fermes, des abus
crians, non moins funestes à l'armée qu'aux
habitans de l'Egypte ; il a cherché à amé-
liorer le sort du soldat ; il a chargé une
commission d'assurer d'une manière invariable une meilleure fabrication de pain ,
il a fait faire à la troupe des capotes de
laine pour le bivouac, avec un capuchon
assez ample pour garantir les yeux des
intempéries des nuits. La discipline se réta-
blit, et le militaire devient plus honnête,
plus poli.

On exerce tous les jours les Coptes, les
Grecs, les Syriens et autres troupes auxiliaires.
Les premiers, d'abord assez maussades, commencent à manœuvrer passablement ; et
quoiqu'il y ait lieu de douter qu'ils puissent
jamais faire de bons soldats , ils seront cependant utiles dans les garnisons et les
forts.

Des bandits, composés de mauvais sujets
de l'armée , et autres attachés à sa suite ,
infestaient les environs du Kaire, sous le
nom de *compagnie de la lune*. Le général
leur a fait donner une chasse vigoureuse.
Plusieurs ont été fusillés, et l'on est main-

tenant moins exposé au brigandage et à l'assassinat.

Le 14 thermidor, jour de la naissance de Mahomet, le cheykh el-bekhri descendant du prophète, a donné un somptueux dîner au général Menou et à tous les officiers généraux et supérieurs qui se sont trouvés au Kaire : on y a remarqué aussi quelques fonctionnaires publics et les grands du pays. Le soir, il y a eu une illumination brillante dans toute la ville. Cette fête avait été annoncée le matin par des salves d'artillerie.

J'ai été ces jours-ci au bazar des esclaves : c'est absolument comme une foire aux animaux. L'acquéreur jette d'abord un coup d'œil successif sur ces infortunés ; et lorsqu'il en découvre un qui paraît lui convenir, il s'en approche, lui fait ouvrir la bouche pour examiner ses dents, avancer sa langue pour voir s'il n'y a pas quelque vice, et passe ainsi tour-à-tour en revue les différentes parties du corps ; après quoi il marchande du mieux qu'il peut, fait quelquefois un nouvel examen, et s'il convient du prix, le marchand dit à l'esclave : *Voilà* son maître. L'esclave se lève et le suit. Ces marchés sont souvent accompagnés de quelques sentences ou prières du koran.

Ces misérables esclaves n'ont qu'un mauvais haillon qui leur couvre une partie du corps, quelques-uns sont tous nus. A des heures réglées, on broie dans une auge de la mauvaise farine avec de l'eau : ils mangent en commun là dedans, comme des pourceaux. Certes, quelle que soit la condition que leur nouveau maître leur prépare, elle ne peut être pire. Mais les esclaves sont bien loin d'être traités en Egypte comme dans les colonies européennes; ils n'ont d'esclave que le nom, et les musulmans les considèrent plutôt comme des enfans adoptifs; il en est même qui, à la longue, obtiennent leur affranchissement et une certaine aisance. Au reste, ils n'ont rien ou presque rien à faire, et ne sont guère, dans les grandes maisons, que comme objets de luxe. Ils sont, à la vérité, généralement plus mal traités chez les chrétiens; mais lorsqu'un esclave l'est par trop, il peut forcer juridiquement son maître à le vendre. L'acquéreur aussi se réserve or-

dinairement le droit de rendre l'esclave au
bout de trois jours, s'il n'en est pas content.

Chez les peuples policés, l'éducation
apprend à l'homme à faire plier sa volonté
sous le joug de la raison, et souvent par
convenance devant la volonté d'autrui. Il
n'en est pas ainsi des nègres; leur volonté
brute est d'une ténacité même au dessus
de celle des animaux, dès qu'ils n'ont
plus le préjugé que leur maître est d'une
espèce supérieure, car ils ignorent parfaitement ce que nous appellons *devoir*; et
leur entêtement est tel quelquefois, qu'il
se feraient hacher plutôt que d'obéir. Nous
en avons eu des exemples frappans en
Egypte. Les esclaves, sur-tout ceux qui
avaient déjà servi dans le pays, avaient
une idée si haute de leurs anciens maîtres,
et si mince de nous (1); qu'il était impossible d'en tirer le moindre parti pour le
travail; et j'ai vu souvent nos françaises,

____

(1) Ils avaient puisé ces idées dans les injustes pré-
ventions d'un peuple non moins orgueilleux qu'i-
gnorant.

quelque

quelque impérieuses qu'elles fussent, for-
cées de céder à ces têtes noires. Ces esclaves
ont encore une espèce de philosophie bien
singulière ; je vais en rapporter deux traits
qui ne contribueront pas peu à donner une
idée de leur caractère.

Un officier avait une négresse avec laquelle il vivait assez familièrement, suivant
l'usage adopté par la plupart des Français
qui, soit goût, soit raison d'économie,
les préféraient aux Egyptiennes. Cet officier fut attaqué de la dysenterie, dont
il ne pouvait guérir. Un autre officier tenait un jour quelques propos badins avec
cette esclave : écoute, lui dit-elle, mon
maître est malade ; je ne crois pas qu'il gué-
risse ; me prendras-tu avec toi, s'il vient à
mourir ? -- Pourquoi non, répondit négli-
gemment le Français qui n'en avait sûrement nulle envie. La négresse fut aussitôt
dire à son maître, sans autre forme de
préambule, que, s'il mourait, son intention
était de vivre avec cet officier. Le malade
fut assez stoïque pour lui répondre avec indifférence, qu'elle ferait bien. Mais les choses n'en restèrent pas-là : comme la maladie

traînait en longueur, l'esclave s'adresse à un espèce d'interprète ou plutôt de domestique attaché au service du même officier. Tu sais, dit-elle, que notre maître est malade depuis long-temps ; assurément il en mourra : quelques jours plutôt ou plus tard, cela n'y fait rien. Il faut donc l'empoisonner, et nous l'aurons plutôt délivré de ses souffrances. Ce qui fut dit fut fait ; mais le bonheur voulut que les symptômes qui s'ensuivirent donnèrent de justes soupçons. Un contre-poison, administré à propos, arrêta les funestes effets du breuvage ; et par un merveilleux effet, suite sans doute des différentes convulsions qui agitèrent le malade, sa santé se trouva bientôt rétablie. L'esclave et le domestique furent mis en jugement, et condamnés à mort quelque temps après.

L'esclave d'une dame française étant devenue enceinte, sa maîtresse voulut lui reprocher sa faute. Tu as bien un mari, toi, répondit la négresse ; moi, j'ai voulu en avoir un aussi ; mais si cela te fait de la peine, que je sois enceinte, je ne le serai plus ce soir. La dame eut beau lui assurer le contraire, lui promettre qu'elle aurait soin de son enfant, lui représenter l'horreur qu'elle avait de l'infanticide : non, non, dit-elle, je vois bien que cela te fait de la peine ; et dans le jour même elle se fit avorter.

La plupart des négresses en font autant : celles qui vivent avec des Français disent pour raison que si nous venions à abandonner le pays, l'enfant deviendrait malheureux, et qu'il vaut bien mieux s'en défaire dans le temps qu'il n'a pas encore le sentiment de son existence. Cette raison peut bien entrer pour quelque chose dans un acte aussi dénaturé ; mais il en est encore une autre que je crois la première chez la plupart de ces femmes ; c'est celle de leurs plaisirs : elles se débarrassent ainsi des incommodités de la grossesse , et s'épargnent la peine de nourrir leur enfant. Elles possèdent si bien d'ailleurs le secret de l'avortement , qu'il n'est jamais suivi d'accidens graves , rarement de la moindre incommodité.

Les esclaves noirs se vendent communément de deux à cinq cens francs. Les blancs sont infiniment plus chers, et vont quelquefois jusqu'à mille écus. Ceux-ci jouissent d'une bien plus grande considération , et

c'est parmi eux que les Mamlouks se re-
crutent. Les beys eux-mêmes ne sont autre
chose que des esclaves parvenus. Étonnante
constitution qui ne permet qu'à des hommes
tirés de la servitude, de commander à des
hommes libres! Aussi, la douceur de ce gouvernement peut-elle tirer comparaison de
celle d'un domestique devenu maître parmi
nous. Mais que ne peut-on pas dans un pays
dont les habitans sont même loin de se douter qu'ils devraient être maîtres chez eux.

Chaque bey achète autant d'esclaves
blancs qu'il peut en entretenir ; et c'est ce
qui constitue sa maison militaire. Ces esclaves avancent en grade, en raison du mérite
ou de la faveur, et ils peuvent devenir
beys. Plus un bey peut faire monter de ses
esclaves à cette haute dignité, plus il devient puissant ; car ceux-ci, quoique devenus ses égaux, le considèrent toujours comme
leur patron, et lui restent fidèlement attachés, de sorte que leurs forces militaires
sont en quelque façon les siennes. Les deux
beys les plus puissans à notre arrivée étaient
Ibrahym et Mourad, l'un était *cheykh el-*
beled, cheykh du pays, et l'autre *émyr*

hhadjy, prince de la caravane. Le *ddefterdar* ou trésorier venait ensuite. Vingt-quatre beys formaient ce gouvernement informe, tissu perpétuel de jalousies, de perfidies et de meurtres. Elfy-Bey dont nous avons eu occasion de parler, était originaire de Marseille, et attaché au parti d'Ibrahym. Il reçut le nom d'Elfy, d'*Elof*, mille, parce qu'il avait coûté mille piastres : on le dit bel homme. Ibrahym, fin, rusé, laissait le soin et l'odieux des avanies à la franche brutalité de Mourad, avec qui il partageait secrètement. Le premier avait pour lui la classe aisée ; le second, la plus nombreuse. La suite a prouvé qu'il ne manquait à celui-ci que de l'éducation et la connaissance de la tactique européenne, pour devenir un guerrier accompli, et un grand politique. Quand on pense que ce bey qui ne savait ni lire ni écrire, a tenu tête avec une poignée d'hommes, à des généraux du premier mérite, et à des troupes aguerries, on ne peut disconvenir que la nature a placé en lui le germe de grandes qualités.

L'ouverture du khralydj a eu lieu cette année le 29 thermidor. Depuis notre arrivée, le Nil n'avait pas encore été si beau, ni la fête si brillante. Le concours du peuple était immense, et la belle tenue de l'armée ajoutait un plus beau coup d'œil que les années précédentes, car l'on peut dire à présent qu'il n'existe pas en Europe une armée mieux entretenue. Le général en chef, qui présidait à cette cérémonie, a jeté dans le khralydj, immédiatement après la coupure, des milliers de médins que le peuple recevait dans des espèces de paniers soutenus au bout d'un bâton, et qui m'ont paru destinés à cet usage. L'avidité a fait culbuter plus d'un individu au fond de l'eau suivant la coutume, et tous ne sont pas revenus. A mon retour, j'ai vu passer à côté de moi une femme faisant de grandes lamentations, et portant entre ses bras quelque chose d'enveloppé. J'ai demandé ce que c'était, et l'on m'a répondu qu'elle avait noyé son enfant en le plongeant dans l'eau pour le guérir. Un homme a tâché de consoler cette femme, en lui disant qu'apparemment cela devait être.

La nuit même j'ai été réveillé par des cris effroyables. Une caravane s'était installée sur la place Ezbekyéh, et l'on ne s'attendait pas que l'eau arriverait si vîte, d'autant plus qu'on avait fait une digue en terre, à l'entrée de la place. Mais le Nil se trouvant plus fort cette année, l'eau a coulé avec plus de rapidité, et, soit par le mouvement de sa propre force, soit par quelque espiéglerie, elle a fait brèche, et a couvert la place au milieu de la nuit. Le cri des chameaux est on ne peut pas plus désagréable, celui des gens du pays ne l'est guère moins : les uns et les autres faisaient un vacarme épouvantable, pour se dépêtrer ; et c'est ce vacarme qui a mis en alerte tout le quartier, mais qui a fini par faire rire.

Cette année - ci on a fait un pont à la chaussée, pour le libre passage des barques. Lorsque la place a été remplie d'eau, les entrepreneurs se sont apperçus qu'il était trop bas ; de manière qu'il faut dévisser toutes les planches pour faire passer la barque : laquelle opération finie, après une permission toutefois, il faut encore aller saluer l'état-major pour obtenir qu'on lève le pont - levis qu'on a également établi pour servir de communication entre la chaussée et la maison du général Damas. Il semble en vérité que les ponts et chaussées se soient fait un malin plaisir de contrarier celui du public. La levée cependant qui conduit du Kaire à Boulac, et qu'on a décorée d'une double haie de salsabanes, serait assez belle, si elle n'était pas coupée en deux ; mais après le passage du pont qui se trouve sur le khralydj, un peu après la sortie du Kaire, elle va chercher sa direction plus loin, à gauche. Commencée sous Bonaparte, interrompue sous Kléber, cette chaussée a été terminée par les ordres du général Menou. Il fait aussi continuer celle de la place Ezbekyéh, dont elle fera le tour avec des belles plantations d'arbres ; ce qui donnera un coup-d'œil très-agréable, sur-tout pendant l'inondation.

Après la retraite des eaux, on cultive la place Ezbekyéh ; de façon qu'elle subit dans l'année trois métamorphoses remarquables : elle offre d'abord la superficie d'un lac ; puis l'aspect d'une campagne verdoyante, et enfin, l'aridité d'un désert.

Le général en chef vient d'ordonner la formation d'une commission d'agriculture, pour cultiver de la manière la plus avantageuse les graines arrivées de France, et perfectionner en même-temps la culture des plantes et arbres indigènes de l'Egypte. Le greffage est peu connu dans ce pays, et l'on est bien loin d'en tirer le parti qu'on en pourrait attendre.

On a établi une poudrière à l'île de Raoudah, sous la direction du citoyen Champy. Cette entreprise a obtenu le succès le plus complet, et le général Menou en a témoigné sa satisfaction au directeur.

Le citoyen Conté a fait construire aussi dans cette île un moulin à vent, et un autre au fort Camin. Ces moulins donnent une bien meilleure farine que ceux à bras ou à chevaux; et il serait très-utile de les multiplier. J'en ai vu un dans Alexandrie à l'arrivée des Français : c'était alors le seul de cette espèce en Egypte.

Les Anglais ayant refusé aux membres de la commission des sciences et arts, et aux invalides, le libre passage en France, qu'ils avaient d'abord accordé, le général a nommé une commission qui doit s'occuper des moyens de tirer le meilleur parti possible de ces braves vétérans, je veux dire les soldats invalides, ainsi que de leur traitement, habillement, et de l'établissement d'une maison de retraite pour ceux qui ne peuvent plus faire aucune espèce de service.

Il en a aussi nommé une autre chargée de rédiger un plan général d'administration de la justice en Egypte.

Il a confié l'administration générale des finances au citoyen Estève, ci-devant payeur-général, dont l'activité, la probité et l'intelligence, sont connues de toute l'armée. Plein de zèle pour la chose publique, ardent au travail, jusqu'au détriment de sa santé, et joignant à d'excellentes vues générales l'esprit d'ordre et de détail, le citoyen Estève est l'homme qui jouit le plus ici de la confiance et de l'estime générale.

On vient de lire dans l'ordre du jour, l'arrêté suivant :

« Le général en chef, voulant s'entourer de tous les conseils, de toutes les lumières qui pourront l'aider à supporter le fardeau dont, en attendant les ordres du gouvernement de la République française, il est provisoirement chargé, ordonne ce qui suit :

« ARTICLE I.er Le comité administratif, créé par un ordre du jour du 9 floréal an 8, cessera ses fonctions au premier vendémiaire an 9 ; à dater de ce jour, il sera et demeurera supprimé.

» II. Un conseil sera formé sous le nom de conseil privé d'Egypte ; il commencera ses séances le premier vendémiaire an 9.

» III. Le conseil privé d'Egypte, sera composé :

1.º De tous les généraux de division et de brigade, attachés à l'armée. Quand ils seront au Kaire, ils y auront droit de séance ;

2.º Des deux plus anciens adjudans généraux en activité, qui se trouveront au Kaire ;

3.º Des deux plus anciens chefs de brigade d'infanterie, *idem ;*

4.º Des deux plus anciens chefs de brigade de cavalerie, *idem ;*

5.º Du plus ancien chef de brigade du corps du génie, *idem ;*

6.º Du plus ancien chef de brigade de l'artillerie, *idem* ;

7.º De l'ordonnateur en chef de l'armée ;

8.º De l'ordonnateur de la marine ;

9.º Du directeur général et comptable des revenus publics ;

10.º Du chef d'état-major de la marine, commandant à Boulac ;

11.º Des commissaires ordonnateurs de l'armée, qui se trouveront au Kaire ;

12.º Des médecin, chirurgien et pharmacien en chef de l'armée ;

» IV. Indépendamment des citoyens ci-dessus désignés, auxquels, en raison des places qu'ils occupent, le droit d'avoir séance au conseil privé est accordé, le général en chef se réserve de nommer plusieurs autres citoyens dont il fera connaître les noms d'ici au premier vendémiaire prochain.

» V. Le général en chef se réserve la faculté d'augmenter ou diminuer le nombre des membres du conseil, ainsi qu'il le jugera convenable ; mais ceux qui y ont droit de séance par leurs places, continueront d'en faire partie, tant que le conseil existera.

L'augmentation ou diminution ne pourra avoir lieu, que quant aux places remplies par les individus que le général en chef désignera nominativement.

» VI. Le conseil privé pourra s'occuper dans ses séances, de toutes les questions quelconques qui ont rapport au gouvernement, excepté la guerre et la politique extérieure. Le conseil devra sentir que ces deux objets qui doivent toujours être conduits et dirigés sous le plus grand secret, ne peuvent être mis en délibération dans une grande assemblée. Tout ce qui a rapport au commerce, à l'agriculture, aux finances, à la législation civile et criminelle, aux sciences, aux arts, aux rapports à établir entre la métropole et l'Egypte, entre les habitans du pays et les Français y résidant; enfin, tous les objets possibles, sauf les deux ci-dessus exceptés, pourront être traités et discutés dans le conseil privé.

» VII. Le conseil privé se divisera en autant de classes qu'il le jugera convenable pour embrasser toutes les parties de l'économie sociale.

» VIII. Le conseil privé pourra prendre vis-à-vis le général en chef l'initiative sur tous les objets dont il croira utile de s'occuper.

» Le général en chef lui adressera aussi les questions sur lesquelles il desirera avoir son avis.

» IX. Le conseil privé délibérera dans la plus grande règle sur toutes les questions qui lui seront adressées par le général en chef, ou pour lesquelles il prendra l'initiative.

» Le travail préliminaire sera fait par les différentes classes, qui présenteront leur rapport au conseil rassemblé.

» X. Toutes les questions se décideront à la majorité absolue des voix.

» XI. Quand une question, après avoir été discutée, aura été adoptée par le conseil privé, il enverra sa délibération au général en chef, qui l'adoptera, rejettera ou modifiera, selon qu'il le jugera convenable.

» XII. Le conseil privé ne sera chargé d'aucune espèce d'administration ; aucun ordre ne pourra émaner de lui : il sera purement et simplement le conseil privé du général en chef; il sera, pour ainsi dire, la pensée du gouvernement.

» XIII. Pendant le premier mois de ses séances, le conseil privé d'Egypte sera présidé de droit par le plus ancien général de division présent. Le dernier jour du premier mois, le conseil privé nommera, au scrutin fermé et à la majorité absolue des voix, un président qui pourra être pris indifféremment parmi tous les membres présens qui le composeront, et ainsi de suite tous les mois. Les présidens pourront être réélus indéfiniment. »

(*Suivent quelques autres articles purement réglementaires.*)

Nous avons lieu de douter cependant que ce conseil soit de long-temps établi. Les ennemis du général Menou sont nombreux, hardis et entreprenans : il n'est pas encore confirmé dans sa place par le gouvernement français, et ils ne parlent de rien moins que de lui faire donner sa démission. Les chefs de ce parti sont admis de droit dans ce conseil privé : je ne sais trop jusqu'où cela pourrait conduire.

Le général vient de faire faire aussi beaucoup de réparations très-utiles aux canaux d'irrigation, et dans plusieurs endroits les eaux sont à présent beaucoup mieux distribuées, et les terres mieux arrosées.

Nous venons de recevoir des nouvelles de France. L'artillerie de la citadelle et des forts ont annoncé de suite les nouveaux triomphes de la République, et la mémorable victoire de Maringo Mais la mort du brave Desaix a un peu tempéré l'allégresse publique : ce général emporte les regrets unanimes de l'armée d'Orient.

Deux choses dignes de remarque se présentent ici naturellement, c'est que deux illustres généraux, dont l'un avait signé et l'autre ratifié la convention d'el-A'rych, périssent le même jour et à la même heure, le premier en Europe, le second en Afrique : mais le modeste Desaix, plus heureux que Kléber, meurt au champ de l'honneur sous le poids des nouveaux trophées qu'il va faire cueillir à sa patrie. La même armée qui venait de verser des larmes sur le fier vainqueur d'Héliopolis ne se doutait pas qu'elle en avait encore à répandre sur *le vainqueur et le père du Saïd*. Ombres magnanimes ! tant de

foi

fois vos exploits avaient retenti comme de concert et sur les bords du Rhin et sur les bords du Nil ; le sort a voulu vous porter sur le même char au temple de l'immortalité.

La seconde remarque, c'est qu'on ne peut s'empêcher d'admirer la chaîne des évènemens, lorsqu'on pense que c'est à l'échec de St.-Jean-d'Acre, que la France doit son salut et la paix dont on espère qu'elle jouira bientôt, et que le rapide vainqueur de l'Europe, de l'Afrique et de l'Asie pouvait seul lui faire espérer. Le génie qui veille sur les hautes destinées de la République n'a pas permis que cet homme extraordinaire poussât plus loin ses conquêtes. Il fait entendre à Bonaparte les cris de la patrie éplorée ; le héros reparaît comme un éclair, et la France se relève plus forte, plus grande, plus majestueuse.

Le général Lagrange a succédé au général Damas dans la place de chef d'état-major général de l'armée d'Orient.

La fête du premier vendémiaire an 9 a été beaucoup plus brillante que les autres années, et le souvenir récent de nos dernières victoires y ajoutait une nouvelle joie.

X

La veille et le matin, cette fête fut annoncée par une salve générale d'artillerie, répétée à diverses reprises dans la journée. Les troupes et les administrations civiles et militaires se rendirent en ordre à la Coubbéh, lieu du rassemblement. Le général en chef, après avoir passé l'armée en revue, et distribué trois magnifiques drapeaux au régiment des dromadaires, adressa aux troupes le discours d'usage, mais fort de pensée et de chaleur, sur les triomphes innombrables de la République, la gloire du héros à qui la France a confié ses intérêts les plus chers, la sollicitude du Gouvernement sur la brave armée d'Egypte. Il a jeté aussi quelques fleurs sur les tombeaux de Kléber et de Desaix, et a fini par le passage suivant :

« Soldats, je répondrai au premier con-
» sul, que je suis votre caution ; que la Ré-
» publique peut compter sur vous, à la vie
» et à la mort ; que des hommes qui, avant
» de venir en Egypte, avaient déjà conquis
» l'Allemagne et l'Italie ; que des hommes
» qui, sous les ordres de Bonaparte, ont
» bravé l'horreur des déserts, la faim, la
» soif et d'horribles maladies ; que des

» hommes qui ont dispersé les hordes réu-
» nies des barbares de l'Asie, comme le
» vent disperse la poussière ; que des hom-
» mes qui tous sont couverts de cicatrices
» honorables ; qu'une armée enfin qui n'est
» composée que des vétérans de la Répu-
» que, n'est conduite par d'autres principes
» que ceux de l'honneur et de l'attache-
» ment inviolable à la patrie. »

Après le dîner, il y eut différens jeux, et
des prix décernés aux vainqueurs. La joûte
sur l'eau offrait un beau coup-d'œil, soit
par la foule des spectateurs qui remplis-
saient le rivage et les maisons adjacentes,
soit par la quantité de canges ou de barques richement décorées, et dont la file
parallèle à la rive, formait le bassin destiné
à la joûte. Parmi ces canges, celle du général Damas se distinguait éminemment par
la richesse de ses décorations, et la brillante
suite de ce général, l'ami intime de Kléber.
Les amis de l'ordre et de la chose publique
voyaient avec peine les premiers généraux
autour de lui, tandis que le général en chef
était presque seul dans la sienne. Le général
Menou est sans contredit au-dessus de ces

petites considérations ; mais lorsqu'on consacre son existence , aux dépens de son repos et de sa santé , à faire des réformes salutaires au bien-être de son armée et de toute une nation , il est bien dur de ne paraître trouver sa récompense que dans le fond de son cœur. Il la trouvait aussi cependant dans les bénédictions du peuple et du soldat à qui ces réformes sont bien loin de déplaire.

La fête fut terminée par un superbe feu d'artifice , une illumination générale et un bal où ne se trouvèrent pas quelques-unes des dames qui donnent ou veulent donner le ton, et qui préférèrent celui des généraux Damas , Reynier , Lanusse et autres personnes marquantes.

Le général en chef , sur le rapport du citoyen Desgenettes , a ordonné des travaux sur la salubrité d'Alexandrie. Les canaux doivent être mieux distribués ; ils seront aggrandis , pavés , et on leur donnera une pente suffisante et mieux réglée pour l'écoulement des eaux. Le terrein sera nivelé aussi de manière qu'il ne se forme plus d'amas d'eaux stagnantes pendant les pluies qui sont assez abondantes en hiver sur les côtes d'Egypte. Le médecin en chef est chargé de rechercher les causes d'insalubrité qui peuvent exister à Rosette et à Damiette.

Il vient de paraître une proclamation qui a fait assez de bruit parmi les Français; la voici d'après les modifications que la prudence du général en chef a jugées nécessaires.

Au quartier - général du Kaire, le 6 Brumaire an 9.

Au nom de Dieu, clément et miséricordieux.
Il n'y a de Dieu que Dieu, et Mahomet est son prophète.

MENOU, Général en Chef,

Aux habitans de l'Egypte.

Habitans de l'Egypte, écoutez ce que j'ai à vous dire au nom de la République française.

Vous étiez malheureux; armée française est venue en Egypte, pour vous porter le bonheur.

Vous gémissiez sous le poids des vexations

X 3

de toute espèce ; je suis chargé par la République et par son premier consul Bonaparte de vous en délivrer.

Une multitude d'impôts vous enlevait tout le fruit de vos travaux ; j'en ai détruit la plus grande partie.

Aucune règle ne fixait d'une manière précise tout ce que vous deviez payer ; j'en ai établi une invariable. Chacun dorénavant connaîtra à quel taux s'élèvent ses contributions ; dans chaque ville, dans chaque village, dans chaque maison, si cela est possible, seront affichés et publiés les états de ce que chacun doit payer.

Les gens puissans et les grands exigeaient de vous des avanies ; je vous engage ma parole que je n'en exigerai jamais. Parmi vous, ceux qui avaient acquis, par un long travail, des richesses et de l'argent, étaient obligés de les cacher, de les enfouir même dans la terre, pour empêcher qu'elles ne tombassent entre les mains des grands qui sans cesse épiaient l'occasion de vous les ravir ; habitans de l'Egypte, je vous promets, au nom de la République, devant Dieu et son prophète, que ni moi, ni aucun

Français, tant qu'il me restera un cheveu sur la tête, n'attenterons à vos propriétés : en payant exactement l'impôt fixé par la loi, vous serez libres de jouir de tout ce qui vous appartient, sans que personne puisse vous en empêcher, ou vous demander compte de vos richesses.

Les grands et les gens puissans vous traitaient beaucoup moins bien qu'ils ne traitaient leurs chevaux et leurs chameaux ; vous le serez dorénavant par les Français et par moi, comme si vous étiez nos frères.

Quand les percepteurs du myry et autres contributions voyageaient dans les provinces, ils étaient accompagnés d'une foule de serviteurs, de domestiques, d'écrivains, de kaouas, qui tous dévoraient vos propriétés, et vous enlevaient souvent jusqu'à votre dernier médin ; il n'en sera plus ainsi, habitans de l'Egypte : si quelqu'un de ceux qui sont destinés par moi à percevoir les impositions, vous prend un seul médin au delà de ce qui sera fixé par la loi, il sera arrêté, emprisonné et condamné aux châtimens les plus sévères. La République française et son premier consul Bonaparte m'ont ordonné de vous rendre heureux ; je ne cesserai de travailler pour exécuter leurs ordres.

Habitans de l'Egypte, si vous le voulez, le myry que vous payez, en y comprenant les autres droits qui y ont été ajoutés, diminuera considérablement. En voici le moyen : lorsque vous connaîtrez par une loi écrite, et qui sera adressée par moi à toutes les villes et villages de l'Egypte, le montant du myry que vous aurez à payer, n'attendez pas que les percepteurs aillent vous le demander ; allez vous-mêmes le porter dans les caisses des trésoriers des provinces : et pour vous faciliter le paiement, je diviserai en quatre parties égales le myry qui vous sera imposé ; tous les trois mois vous en paierez une partie. Et, pour vous bien faire comprendre ce que je veux faire pour votre avantage, lisez avec attention ce qui suit :

Je suppose qu'un village soit imposé à dix mille pataques (1) par an, pour son myry ;

____

(1) On donne communément le nom de *pataque* à une pièce d'or, de la valeur de 90 médins ou paras.

tous les trois mois, il devra payer dans la caisse du trésorier de la province, deux mille cinq cens pataques : au bout de l'année il aura satisfait à ce que la loi exige de lui, sans avoir éprouvé aucunes vexations, aucunes avanies. Si, au contraire, il attend, pour payer, que les percepteurs arrivent en foule, il lui en coûtera alors beaucoup plus que la loi n'avait exigé. Vous voyez donc, habitans de l'Egypte, qu'il ne tient qu'à vous de diminuer beaucoup vos impositions, et de n'éprouver aucunes vexations.

Jusqu'à présent, les moultézimes des villages vous demandaient beaucoup plus qu'il ne leur appartenait ; cela n'arrivera plus. Ce que devront recevoir les moultézimes sera fixé par la loi : je vous défends de leur payer un médin au delà de ce que j'aurai réglé ; et si l'un d'eux est accusé et convaincu d'avoir exigé de vous plus qu'il ne lui revient selon la loi, il perdra sa propriété.

Souvent les cheykhs el - beled vous vexent, vous font payer des avanies qu'ils partagent avec les moultézimes, les percepteurs des impositions, et autres grands du pays, qui n'ont en vue que leur avarice

et votre ruine ; habitans de l'Egypte , cela
n'arrivera plus. Ce que devront recevoir
pour leur salaire les cheykhs el - beled sera
fixé par la loi que je vous enverrai ; et si
l'un d'eux exige quelque chose au delà de
ce qui sera ordonné par cette loi , il perdra
sa place et ses propriétés.

Dorénavant , vous ne nourrirez plus les
troupes qui marcheront dans les provinces,
que dans les cas où elles iront pour vous
faire payer des contributions que vous
n'auriez pas acquittées dans le temps prescrit par la loi : dans tout autre cas, elles
payeront tout ce qui leur sera fourni pour
leur nourriture ; je donnerai à cet égard
des ordres à tous les généraux et commandans. Vous voyez donc bien qu'il ne tient
encore qu'à vous de vous épargner de
grandes dépenses : je vous avertis de tout ;
ce sera donc vous-mêmes , et non pas moi ,
que vous devrez accuser du mal qui vous
arriverait.

Tous les généraux et commandans français veilleront à ce que personne n'exige
rien de vous , au delà de ce qui sera
prescrit par la loi. Je vous avertis encore
que vous ne devez de présens à personne.

Mon devoir, et celui de tous les commandans et administrateurs, est de vous écouter, de vous donner aide et protection, quand vous vous conduirez bien. Je défends encore à vos juges d'exiger aucuns présens. Dieu et Mahomet, son prophète, leur ordonnent de vous rendre la justice; je le leur ordonne de même, en leur prescrivant de n'avoir, dans leurs jugemens, égard ni au riche ni au pauvre, mais seulement à leur conscience et à la vérité, et sans recevoir aucuns présens : ceux qui contreviendraient à cet ordre, seront punis sévèrement.

Je viens, ô habitans d'Egypte, de créer un tribunal suprême au Kaire : il est composé des cheykhs les plus recommandables par leur sagesse, leur vertu et leur désintéressement ; ils sont destinés à maintenir la religion dans sa pureté, et à vous juger. Je suis convaincu qu'ils s'acquitteront de leurs fonctions, ainsi que doivent le faire des hommes qui craignent Dieu et son prophète; mais je vous déclare, ainsi qu'à eux, que si, ce que je ne puis croire, ils manquaient à leurs devoirs, ils seraient punis avec la dernière sévérité.

Jusqu'à présent, les interprètes exigeaient de vous des avanies, en vous promettant la protection de leurs maîtres ; ils vous trompaient ; cela n'arrivera plus : si quelques-uns d'entr'eux exigent de vous de l'argent et des présens, avertissez-en les généraux ou moi ; ces méchans seront punis de la manière la plus terrible. Ces hommes, pour vous engager à leur donner de l'argent, vous disent que ce sont les Français, leurs maîtres, qui l'exigent ; ou bien encore ils vous disent qu'il n'est pas possible de voir les généraux ou autres Français en place, ni de leur parler : ils vous trompent ; leurs paroles ne sont que mensonges ; faites les connaître, ils seront punis.

Souvent, quand les Français ou les troupes voyagent, un domestique, un interprète, un écrivain, ou tout autre, se détachent en avant, entrent dans vos villages, et vous disent, pour vous effrayer, que les Français demandent pour vivre un nombre considérable de buffles, de chèvres, de moutons ou autres objets. Alors, vous les priez de s'intéresser pour vous ; ils s'y refusent, pour mieux vous effrayer, et vous finissez par leur donner de l'argent : ils vous ont encore trompés, et ils trompent leurs maîtres.

Dans les villes, les aghas qui sont chargés de la police, de la propreté, des subsistances, avaient jusqu'à présent exigé de vous des droits de toute espèce ; tous ces droits particuliers sont abolis : je vous défends de leur rien payer ; ils recevront un salaire que fixera la loi.

Je sais que ceux qui sont chargés de veiller à la justesse des poids, se présentent souvent chez les marchands : ils prétendent toujours trouver les poids faux ; alors, ils font avancer leurs kaouas ; ils ordonnent des coups de bâton ou autres punitions. Le marchand s'effraye ; il promet qu'il se rendra le lendemain chez l'agha des poids et mesures ; il s'y rend effectivement, et porte en présent, vingt, trente, cinquante pataques, plus ou moins. C'est ainsi, ô peuple d'Egypte, que vous avez été trompé ou vexé jusqu'à présent.

Que sont devenus les biens appartenans aux mosquées ? que sont devenues les immenses fondations pieuses, faites par vos ancêtres? à quoi étaient - elles destinées? A entretenir les mosquées? par-tout, je les vois détruites ou prêtes à s'écrouler? A nourrir les pauvres? par-tout ils meurent de faim; les rues et les chemins en sont pleins. A soigner les malades, les infirmes, les aveugles et tous les hommes sans ressources? les maisons destinées à les recevoir sont, ainsi que les mosquées, dans le plus grand désordre; les malheureux qui y sont renfermés, ressemblent plutôt à des victimes condamnées à perdre la vie, qu'à des hommes rassemblés pour recevoir des soulagemens. Qui a donc consumé tous ces biens, toutes ces fondations? des hommes puissans qui vous ont trompés jusqu'à présent. Ce temps est passé: je vous répète encore que j'ai reçu l'ordre de la République française et du consul Bonaparte, de vous rendre heureux; je ne cesserai d'y travailler. Mais je vous avertis aussi que si vous n'êtes pas fidèles aux Français, que, s'il vous arrivait encore, pressés par de mauvais conseils, de vous élever contre nous, notre vengeance serait terrible; et, j'en atteste ici Dieu et son prophète, tous les maux retomberaient sur vos têtes. Rappelez-vous ce qui est arrivé au Kaire, à Boulac, à Mehhaléh el-Kebir, et autres villes de l'Egypte. Le sang de vos pères, de vos frères, de vos enfans, de vos femmes, de vos amis, a coulé comme les flots de la mer; vos maisons ont été détruites, vos propriétés ravagées et consumées par le feu. Quelle a été la cause de tout cela? les mauvais conseils que vous aviez écoutés, les hommes qui vous avaient trompés. Que cette leçon vous serve pour toujours. Soyez sages, tranquilles; occupez-vous de vos affaires, de votre commerce; cultivez vos terres; et par-tout vous n'aurez dans les Français que des amis généreux, des protecteurs et des défenseurs : je vous le jure, au nom du Dieu vivant, au nom du Dieu qui voit tout, qui dirige tout, et qui connaît jusqu'aux plus secrettes pensées de nos cœurs.

Signé MENOU.

Fin du Tome premier.